“学习·践行·变革”之校长培训丛书

总主编：肖建彬

给校长参加跟岗学习的建议

GEI XIAOZHANG CANJIA GENGANG XUEXI DE JIANYI

龚孝华◎编著

天津教育出版社
TIANJIN EDUCATION PRESS

图书在版编目(CIP)数据

给校长参加跟岗学习的建议/龚孝华编著.
—天津:天津教育出版社,2012.7
ISBN 978-7-5309-6785-0

Ⅰ.①给… Ⅱ.①龚… Ⅲ.①校长-学校管理
Ⅳ.①G471.2

中国版本图书馆 CIP 数据核字(2012)第 130235 号

给校长参加跟岗学习的建议

出 版 人:刘志刚

编　　著:龚孝华
责任编辑:李勃洋

出版发行:天津教育出版社
天津市和平区西康路 35 号
邮政编码:300051
印　　刷:三河市人民印务有限公司
经　　销:全国新华书店
版　　次:2017 年 9 月第 1 版第 2 次印刷
开　　本:710×960mm　1/16
印　　张:15.5
字　　数:210 千字

书　　号:ISBN 978-7-5309-6785-0
定　　价:32.00 元

总序

专业化的核心要素

肖建彬

“‘学习·践行·变革’之校长培训”丛书第一辑由九部组成，分别是闫德明的《如何创建学校特色——若干典型案例评析》、龚孝华的《给校长参加跟岗学习的建议》、王蕙的《有效德育：基于实践的探索》、熊焰的《校本教师专业发展研修手册》、苏鸿的《教师的教育研究》、郭凯的《中小学校安全管理》、吴开华的《中小学热点法律问题研究与典型案例评析》、贾汇亮的《发展性学校教育评价的建构与实施》和周峰的《创建优质学校：理论探索与行动策略》。这些著作实际上是这些专家在自身极为丰富的中小学校长培训实践中积极探索、自主开发、反复实践、多方吸收、不断提炼而形成的。作为课程，这些内容是非常受欢迎的；作为教师，他们的教学也非常受欢迎。我想，作为教材，应该同样也会受到使用者的欢迎。

之所以给丛书起了这么一个“并不美丽，但很实在”的名字，是想传递一种意思：“学习”“践行”和“变革”是非常重要的，希望使用者能经常看到这三个概念，牢牢记住这三个概念，真心接纳这三个概念。因为我觉得，“学习”“践行”和“变革”是专业化的核心所在。

关于专业化的理论非常多，有些理论玄乎到“很哲学”的境界。这对于人们深入学习和探究有关问题是很有帮助的，至少可以告诉人们一个道理：即使是很简单的一个事物，如果细究起来还是有很多学问在里头的。然而，就实践而言，则十分需要一个简约的指引，可以让人把握精髓，付诸行动。基于是，比照各种理论和经验，加之自身实践的体验，愚以为，所谓专业化，说到底就是通过变革现状来提高有效性，而唯一有效的路径就是“学习”和“践行”。

专业化是一个过程，也就是“越来越专业”的意思，具体包括专业水平越来越高强、专业精神越来越饱满、专业活动越来越有效。它只有一个方向，就是越来越好。在专业领域，自己跟自己比，今天比昨天有进步，明天比今天有进步，即不断改变“现状”；包括变革自身，也包括通过变革自身进而变革工作环境和工作绩效，从而进入一个更加理想的状态。所以，作为专业化核心要素的“变革”既是专业化的目的，也是专业化的动机。它为专业化提供不竭动力。没有变革的愿望，就不会启动“专业化”的进程；没有变革的现实，专业就还没有“化”（进化）：一是没有自身变革的现实，就不存在专业化；二是没有工作对象变革的现实，就不存在真正意义上的专业化，即其所谓专业化也就没有表征，因而没有价值。因为专业化是与职业或专业技术工作联系在一起的，自身的变革也就成为变革工作环境和工作绩效的前提条件，所以，专业化应该从变革自身开始，以变革工作对象为终结。

如何实现专业化？曰：一靠学习，二靠践行。这里有两个重要的前提判断。首先，人们必须确认这样一个重要的前提判断，那就是并非所有的学习都能促进专业化，只有“好”的学习才能促进专业化。“好”的学习有三大功效：一是补充没有的，二是更新陈旧的，三是改变错误的。无论哪种结果，都将变革一个人的专业现状，都将使人的专业认知更加广阔、更加正确、更加精准，专业精神更加充实、更加坚定、更加自觉，专业行为更加规范、更加便捷、更加持久。可见，没有学习，是不可能有专业化的。其次，人们必须确认的另一个重要的前提判断，那就是并非“好”的学习就一定能够促进专业化，只有将“好”的学习付诸实践才能促进专业化，这就是“践行”。“践行”通常有三大功效：一是优化认知和情感系统，二是优化操作和行为系统，三是优化专业环境和工作结果。无论哪种结果，都将变革整个专业现状，都将使人及其与之相关的人和事发生越来越好的变化。简单地说，就是解决问题、促进发展。这就是最终意义上的专业化。

基于这样的认识，我认为，专业化是基于人（个体或群体）的一个整体运动，它是围绕“问题”来展开的，其核心要素“学习”“践行”和“变革”在这个整体运动中是紧密关联的、“一体两翼”的关系。因此，任何想推动专业化的培训，包括校长培训和教师培训，都必须研究人，“以人为本”，基于人、为了人、面向人、服务人；都必须立足问题解决；都必须妥善处置“学习”“践行”和“变革”三者的关系。如果仅仅把培训定位于“学习”“学习理论”或“学习最新理论”，那于专业化是没有太多裨益的。

“‘学习·践行·变革’之校长培训”丛书其实就是服务中小学校长专业化的教材。它期待对中小学校长的专业化有所裨益。能否达成这样的愿望，祈请读者诸君评鉴。如有改进高见，请直接与作者联系，也非常欢迎电邮至 xjb@ gdei. edu. cn。您的意见将有助于我们专业化。

为了理想的教育，让我们在教育理想烛照下，一起学习、践行、变革。

序 言

为参加跟岗学习校长编写一本书，是一件非常开心的事。2005年，广东省率先在国内开展校长跟岗学习活动，并出台了相关管理办法和操作手册，经过六年的实践和探索，整个培训学习模式日臻成熟，发展至今，已经成为校长培训和学习的重要形式，到了系统总结的时候了。在组织校长跟岗学习活动中，每当看到参加跟岗学习的校长满载而归，听到他们对这种学习方式的由衷赞许时，作为此项工作的组织者就有一种冲动和愿望，要为这种培训方式写点什么，要写一本书呈现这种学习方式的特点、组织过程及其参与过程，呈现校长参加跟岗学习的体验、收获，这既是系统总结，也是为参加跟岗学习的校长提供参考，使他们在跟岗学习中更好地提升自己，发展自己。

校长跟岗学习作为校长培训学习的一种方式，要取得预期效果，需要我们做出理论思考，也需要规范操作过程。在书的前面四章，对此进行系统论述。第一章：理解跟岗学习，主要解决对跟岗学习的理解和价值认识；第二章：组织跟岗学习，主要解决跟岗学习的操作过程；第三章：跟岗学习的视角，主要回答校长参加跟岗学习的体验视角；第四章：跟岗学习的几点要求，主要解决校长如何带着问题、如何研究、如何读书、如何写随笔与总结等几个关键性问题。

书的后四章是为校长参加跟岗学习提供直接的服务。作为一位跟岗学习的组织者，要真正从校长的视角来写，确实有些难度。虽然我也参与过在英国学校的跟岗学习，但毕竟角色不同，观察、感受、体验、思考的问题难免有差异。偶然间，我想起柯中明校长、谢柏芳校长曾经送给我的两本跟岗随笔，这是两位具有才气的校长，随笔是他们在江浙跟岗时写下的，随笔中洋溢着智慧的思考，有这两位校长的精彩之笔，心中踏实很多。同时，我们是从2005年开展此项工作的，有农村地区校长赴省校长培训基地学校学习的，有赴江苏、浙江、上海、北京、湖北等地跟岗学习的，也有参加中英校长合作培训项目的，各种总结总数超过千篇。经验告诉我，中间肯定藏有精彩之笔，于是我邀请参与此项工作的黄鸿飞老师对参加农村地区赴省校长培训基地学习和参加中英校长合作培训项目中的校长总结进行精选。这样，校长的所思所得就成为本书的重要组成部分。

在编写此书的过程中，培训处黄泽纯老师、华南师范大学李贤博士参与部分工作，福建教育学院干训处杨立国处长为本书提供部分材料，在此表示感谢！特别要感谢柯中明校长、谢柏芳校长以及部分参加赴省校长培训基地学习项目、参加中英校长合作培训项目的校长，由于你们的成果，使本书的内容更加丰富。

由于多方面的限制，书中有些地方显得粗糙，或有些疏漏，敬请同行和校长包涵、指正！

二〇一一年六月于广东二师

目录 Contents

第一章

理解跟岗学习

第一节　校长培训面临的问题及其创新

一、校长培训面临的问题

在新的形势下，中小学校长培训面临着诸多问题，这些问题如果得不到有效解决，校长培训工作将难以走出高原期。关于现行校长培训中存在的问题，有研究者做出如下描述①：

只有几个“常委”的培训课堂。

四月，大地复苏，万物披绿，处处洋溢着生命的活力。在一间电化教室里，一位老师在讲台上滔滔不绝地讲着，时不时蹦出“先进理念”之类的术语。台下四五个中青年模样的“学生”正伏在课桌上，静静地听着。老师不高的嗓音在偌大的教室里回响着，充满生机的室外景象和教室内冷清的场景形成强烈的对比。这是记者在某省级中学校长培训班课堂上所见到的一幕。据听课的一位校长介绍，他们这个培训班总共有30位校长和教育行政人员参加学习，除了开班仪式上

① 苏令．想说爱你不容易——透视中小学校长培训（上篇）[J]．中国教育报，2005（5）

因为有领导出席，所以大部分都参加了以外，上课时就只有他们几个在听课，他们戏称自己为“常委”。“他们都出去玩了，这么好的天气岂能浪费啊。”“那你们为什么不出去呢?”“我们都来自经济不发达地区，出来一次不容易，想好好地学点东西。”参加省级校长培训是一次绝好的充电机会，但有的校长认为上课学习对自己以后的工作作用不大，认为自己平时工作千头万绪，忙得不可开交，偶尔一次外出学习，当然是自我放松和外出旅游的好机会。参训校长对培训重要性的认识不足，使校长培训的实效性大打折扣。听课人数少，对授课老师的积极性也是一种打击，培训实效性不高也就在情理之中了。

“我已经领了三套同样的教材。”

参训校长不想听课，除了自身参训意识不强以外，教学内容陈旧也是一个重要原因。“我已经领了三套同样的教材。”一位先后参加了县级、地市级、省级校长培训的校长如是说。在“知识爆炸”的当今社会，仿佛一切都在变化之中，培训内容却仍然不断重复着“昨日的故事”，造成了培训资源的严重浪费，而且大大消磨了校长们的参训积极性，一个体魄再健康的人，剩饭吃多了也难免反胃。

“有的专家报告，我已经听了好几遍。”

一些参训校长反映，很多培训老师都是外聘的所谓的专家学者，尽是老面孔，“有的专家同一个报告我已经听了好几遍。”一位参训校长苦笑着说。现在校长培训的师资主要是专职和兼职相结合，不同的地区，专兼比例有所不同。如果专职教师比例过高，则培训成本太高。外聘兼职教师成本低，而且会产生知识的多元碰撞而形成一种活力，但有的兼职教师四处“走穴”赚钱而疏于学术，容易出现“一篇论文吃遍大半个中国”、“一篇论文吃若干年”的现象。总体来说，培训师资力量还比较薄弱，跟不上日新月异的培训形势的发展。干训能力不足，是现代校长培训所面临的主要问题。

“要校长学”校长反而不想学。

目前，校长培训总体来说还是一种自上而下的培训，每期校长培训一般是由各级教育行政部门以文件的形式下发，具体参训名单由当地教育行政部门确定。有资格参加高级别培训的校长一般都是有一定名气的校长或名校的校长。这种计划式培训要求这些校长去学，而这些校长一方面忙于学校的日常事务难以抽身，另一方面由于缺乏校长培训的有效调控机制，致使校长参与培训的积极性不高。一些有名气的校长，自认为水平还可以，不学习也可以应付自如。而一些迫切需要学习的校长，可能由于资历浅等原因而无缘高级别的培训。“想学的”去不了，“不想学的”反而去了，造成了培训资源的巨大浪费。

“缺钱，真的力不从心。”

一位校长培训机构的负责人对记者说：“缺钱，真的力不从心，很多好的举措无法实施。”培训经费的短缺严重制约着干训实际工作的开展。个别地区对校长培训的事业费投入不足，拨付经费难以落实，主要靠收取校长培训费维持办班，在一定程度上影响到培训基地办学的积极性和校长参训的积极性。有些校长培训部门办学经费紧张，无力支付校长培训期间正常的考察费、住宿费，出现了总体培训任务完不成、具体调训调不来的尴尬局面。

对于校长培训中存在的问题，有研究者①做过这样的分析：第一，培训单位以自我为中心，较少关注校长的实际需求，培训的有效性、针对性降低，出现了“想学的学不到，学到的用不上”，经过培训的校长总是感觉不解渴的现象。第二，培训内容过于注重专业知识的培训，导致整个培训工作越来越狭隘，多轮培训以后，校长们对培训内容缺少新鲜感，出现了“我们所讲授的内容，几乎都是校长听过的”的现象；同时，由于过于注重专业知识培训，缺乏对校长专业能力的培训，使经过培训的校长在面对复杂的学校环境时，往往难以应对。

① 龚孝华．走向个性化的校长培训——基于校长专业发展的自我更新取向［J］．中国教育学刊，2007（10）

第三，以专家学术水平的高低来判断培训效果，容易导致在培训中盲目聘请专家，出现了“有些专家多次被邀请，培训专家的老面孔多”的现象。

二、校长培训的创新

面对校长培训中出现的问题，各地进行了诸多新探索。

（一）上海建立校长培养基地，培养名校长

2006年，上海市教委启动了“上海市普教系统名校长、名教师培养工程”，颁发《上海市普教系统名校长名师培养工程实施方案》，在上海市普教系统遴选出8个名校长培养基地。每年选拔200名中青年校长后备人选进行培养，5年内滚动培养1 000名，从中造就100名能够在全市起示范作用，并能参与国际交流合作的著名校长，造就10名在全国范围内有较高知名度的校长。

上海市普教系统名校长、名教师培养工程的目的是：传承教育精神，造就上海基础教育领军团队。校长培养基地建设的目标是：优化培养基地运作方式，整合教研部门、科研部门和高等院校的专家资源，发挥基地学员的学习积极性和创造性，使其成为有活力的学习型组织。

校长培养基地建设的功能定位为：培养一线教育教学（或学校管理）的高端人才；创新并示范辐射优秀人才的培养方式；研究教育教学（或学校管理）实践中的重点、难点及其对策；引领教育教学改革的前沿问题的研究。培训采用分层培养的方法，即将培养对象分为两大类进行培养。一类是成熟型的培养，主要是指导总结经验，提炼上升到理论，搭建平台，展示成果，赴国外做高级访问学者，取长补短等；另一类是好苗子的培养，着眼系统地全面地提高，主要有学历学位进修，有国内外学习考察，有课题研究和实践培养等。

坚持“意愿是成功的一半，竞争将贯穿于始终”的培养理念。有

意愿是成功的一半，即后备人选要有主动接受培养的意愿，各项目组和培训组要有自荐承担培养任务或组织管理工作的意愿，区教育局要有自觉加入到市级培养工作行列的意愿。竞争将贯穿于始终，后备人选在选择培养措施的同时，也成为被人选择的对象，即为双向选择。如入基地、课题资助、文库出版资助、学历学位进修、出国学习等都要达到规定的要求与条件，方可被接受，全程实行动态管理，鼓励优秀者更上一层楼；项目组和设立培训班的部门或单位按市场化运作，全部项目（含课程班）以菜单式形式向社会公布，项目的扩大与缩小取决于自己项目所获的效益和后备人选成果在社会上的认可度；区级选拔的人选底线数是均等的，但层层推进的过程中是否进入重点培养范围的比例取决于各区选拔人员的质量优劣，因此，区县教育局不仅要完成已列入市级培养的后备人选的培养工作，更要做好次年选拔人员的基础性培养工作。作为市级培养的后备人选，凭借自己的展示成果和社会的认同度方可进入重点培养范围，名校长、名师不是推选出来，而是在学校教育改革中生长出来的，其形成的风格和特色自然而然渗透到学校教育教学各个方面，是由社会作出客观评价。

2008 年，上海市教委从第一期“双名工程”培养出的 100 多位校长学员中筛选出 22 名学员，“借力登高”，聘请当代著名教育家、中国人民大学附中刘彭芝校长担任主持人，首次在沪外建立“上海市普教系统名校长名师培养工程刘彭芝卓越校长培养基地”，提出“引领、实训、提升、创新”的双卓基地特色，“引领”，即以当代教育教育家刘彭芝校长的办学理念为引领，锤炼学员的领导力，研究名校长的成长规律；“实训”，即以常态的人大附中为依托，进行实证研究，凸显“实战”特色，启迪实践智慧，提高学员破解教育难题的能力；“提升”，即建立学员间，特别是基于京、沪文化背景的学员间的思想碰撞平台，形成优秀的学习团队，提升学员的教育思想；“创新”，即创新名校长的培养模式，增强校长培训工作的针对性，提高校长培训工作的有效性。

（二）广东建立省级校长培训实践基地，开展校长跟岗学习

2005 年，广东省教育厅颁发《关于建立广东省中小学校长培训实践基地的通知》；2006 年，广东省教育厅制定《广东省中小学校长培训实践基地管理办法》，在珠江三角洲遴选并确立 71 所中小学校长培训实践基地，作为提高农村校长综合素质和学校管理能力提高的实践场所，承担校长任职前实习、挂职锻炼、学习考察、教学观摩等任务。《广东省中小学校长培训实践基地管理办法》明确规定，省级校长培训实践基地需要履行的职责：①负责安排由省教育厅指派或由省中小学校长培训中心组织的中小学校长考察学习或教学观摩。②负责安排由省教育厅指派或由省中小学校长培训中心组织的中小学校长挂职锻炼；解决挂职校长食宿问题（费用由派出单位解决）；为挂职校长安排一个相应的副校长（不占职数）或校长助理岗位；为每一位挂职校长制订具体的实践指导方案并进行实践指导；挂职结束时，负责对挂职校长进行考核并作出书面鉴定，并对其进行一年的跟踪指导。自 2006 年起，连续五年，每年有近 100 名来自农村山区的校长到实践基地进行挂职锻炼。

2007 年起，广东省又先后组织 400 名校长到北京、上海、江苏、浙江、湖北等地跟岗学习，并取得很好效果。中国教育报曾以《寻找飞翔的翅膀——广东省校长跨省跟岗学习记》为题，报道广东校长跟岗学习情况。文章开篇名义[①]：“来自广东省的 131 名中小学校长，离开熟悉的校园，离开同事和学生，到首都北京，到风华上海，到水乡江苏，到荆楚大地的湖北，一拨一拨，三五人一组，走进当地的一所又一所名校。是学习，也是培训；叫挂职，也叫跟岗。把自己完全融入，成为其中的一员，全过程参与，零距离观察，用心去体验。从一

① 张占英．寻找飞翔的翅膀［J］．中国教育报，2008（5）

人一校的角度讲，他们在寻找治校的方略，寻找教学的创见，寻找成功的主因，寻找和谐的根由。从整体发展态势而言，他们在寻找学校文化的根，寻找先进教育的魂，寻找广东学校赶超的路径。”

文化差异和新环境对人会有刺激，情景化模型对人会有冲击。跟岗培训找到了适合能力提高的途径，实现从“老师讲、我来听”到“老师做、我来看，我来做、老师看，我自己做”的转变。这种培训建立在大规模的基础理论学习之上，正是校长们内心渴望的成长路径和方式。

（三）北京启动名校长工作室，培养名校长

2007 年，北京教育学院第一期名校长工作室正式启动，北京市共设立 5 个名校长工作室，特聘了 5 位著名校长担任工作室的导师。北京把名校长工作室定位为八个平台，即“是校长为主体进行研究和工作的地方；是校长们思考和研究的第二工作场所；是校长们共同研究的平台；是展示学校实施素质教育成果，推动素质教育的平台；是名校长与上级领导沟通的平台；是穿越边界，共享资源的平台；是提供高峰体验，推动校长专业发展的平台；是建设优秀的校长文化，形成名校长群体的平台。”①

在工作室建设中，逐步构建以下工作模式：

（1）校长是“研究员”。即名校长工作室由北京教育学院承办，为了体现“名校长工作室是校长共同探讨和学习的地方”，称校长为“研究员”，并对校长的课题研究给予了经费上的资助。教育学院的教师在这个项目中的工作主要是服务，提供专业上的支持，当然也要对校长们提要求，但要求是方向性的、协商性的、有差异的，不是预设性的、一致的。作为工作室的研究员，校长的主要任务是结合学校实

---

① 季平．有个性善合作的名校长群体从这里起步——记北京市第一期名校长工作室［J］．北京教育，2008（10）

际，针对一至两个问题进行较深入的思考和研究，力求使自己的个性和学校特色更加突出。

（2）一个宽泛但价值明确的主题。“实施素质教育办学思想和实践研究”是第一期名校长工作室的工作主题。确定主题的目的是表明名校长工作室的价值追求和研究方向。这一主题与教育发展的方向一致，是学校校长和教师长期关注的问题。其次，它具有巨大的包容性，有充分的自由空间让校长们选择自己的研究内容和贡献自己的智慧。

（3）在成果上面向实践。校长的文章不同于研究者的论文，要有调研，有改革方案，有实践成果。经过校长和指导教师的讨论，名校长工作室各位校长两年的成果主要包括以下内容：①一篇文章。校长通过对某一个问题的研究，使思考更有独立性，更加深入，观点更加清晰，思想更加系统，尤其提倡校长对自己办学思想的系统整理。②一个案例。学校某一改革方案的制定、实施及其效果。它具体生动地体现着校长的办学理念和领导力。③一份“重要发言”。在教师会上发表自己的意见，是校长与教师沟通的一种基本途径，也是校长办学思想的一种基本的表达方式。因此，校长在教师会上的重要发言是校长研究成果的一种常态形式。④一份“建言献策”。针对学生、教师、学校发展所需要的政策环境，向政府提出建议，发出“校长的声音”，体现名校长群体上下沟通的地位和作用。⑤一篇感言。在工作室工作期间的感受或对工作室工作的建议，实现激情激发激情、个性影响个性、智慧启发智慧、责任推动责任、欣赏感动欣赏的状态，建设优秀的校长文化。

（4）在过程中尊重差异和生成。工作室所制定的研究成果要求只是方向性的，而具体内容，以及完成到什么程度，都要校长根据实际情况来定。另外，每个工作室由于校长不同，导师的想法不同，所追求的目标也会有所不同。各工作室在特聘导师的指导下都制定了自己的目标。

（5）保持活动空间的开放性。名校长工作室是一个校长自主研究的空间，由四个点组成：北京教育学院的名校长工作室、特聘导师中名校长所在学校、校长所在学校、名校长博客。另外，在各工作室活动的基础上，注意加强各室之间的交流，加强城区校长和城镇校长之间的交流，加强中小学校长之间的交流。在工作内容上，着力加强校长们所关心的教师队伍建设、学生发展、课程改革等问题的交流。

（四）教育部—中国移动影子培训项目

2009 年，为了提高中西部地区中小学校长办学治校能力，提升中西部地区中小学管理水平，教育部、中国移动通信有限公司联合实施 2009—2011 年中国移动中小学校长培训项目。该项目通过影子培训和远程培训两种培训形式，促进参训校长学习省内外优秀学校的办学经验，切实提高中西部农村中小学校长的整体素质和管理实践能力，培养一批推进学校改革创新和实施素质教育的带头人，促进义务教育均衡发展和城乡教育协调发展。

影子培训面向西部 12 省、自治区、直辖市（以下统称省）和新疆生产建设兵团的 3000 名中小学校长开展影子培训，其中，每年组织 600 名农村校长在西部省内校长培训实践基地开展省内影子培训，三年共培训 1 800 人；每年组织 400 名骨干校长到东部 8 省校长培训实践基地参加省外影子培训，三年共培训 1 200 人。

培训内容以学校管理实务为重点，将参训校长派到省内外实践基地学校担任“影子校长”，学习借鉴先进学校的管理经验。每期培训分为集中培训、基地研修、总结交流三个阶段，培训时间为 13 天。其中，省级培训承办单位组织集中培训 2 天，总结交流 1 天；影子培训实践基地学校组织参训校长开展基地研修 10 天。国家级和省级项目专家组将对影子培训进行业务指导。

第二节　校长跟岗学习的实践性取向及其特点

一、跟岗学习的实践性取向

分析各地校长培训的新探索，我们不难看出在校长培训工作中呈现出新的取向，即校长培训的实践性取向。取向，是对事物进行权衡、比较、选择时所采取的态度和行为倾向。实践取向，它要求无论是专业的开发设置、人才培养方案的制定，还是课程的内容与实施、教育管理效果的检验与评价等，在教育管理的各方面、各环节都要突出实践的主导性，注重实践内容，强调实践环节，紧密结合社会经济发展的实际，适应教育、学校的需要，注重人的实践能力的培养。

所谓校长培训的实践性取向就是以校长为本，以问题研究为本，以学校实践为本；让校长带着问题，在真实的学校情境中学习，通过专家指导，学员交流、研讨、反思与研究等方式，让校长在体验式、互动式、研究式学习中实现专业发展。实践性取向认为，校长培训是实践性很强的学习活动，不能局限于理论知识的传授与学习，更应该立足于实践，在实践中提升校长的办学智慧、管理能力和研究水平。实践取向的校长培训观的基本内涵也包括：一是重视校长实践性知识的形成和发展，因此，校长培训的任务必然是创设各种实践情境帮助校长获得实践性知识；二是注重在实践中反思，在反思中前进，就是说，参训校长的实践和反思研究不是两个过程，而是一个过程的两个方面；三是强调培训中的“学习”是“实践的参与”，而不是片面地强调理论知识的“内化”。

在国外，校长培训的实践取向较早得到关注与重视。自 20 世纪 80 年代开始，世界范围内的教师教育理论与实践发生了深刻彻底的变革。这场变革的主流趋势是支撑教师教育的理念根基已由以往的关注

"理论"转向了关注"实践"。[①] 美国在1989年全美教育管理政策委员会发表的《学校管理者培养的改善——面向改革的课题》报告中就明确提出了这样的方针：在校长的培养培训上，研究生院和学区要建立密切的协作关系，二者的校长培养和培训要以临床研究和现场实习为指向。强调临床研究与现场实习，归因于此前美国校长培训存在着理论与实践相脱节的现象，如今其研究生院和学区分工合作的校长培养培训形式，理论联系实际，特别是以人（准校长）为本、以问题为本、以实践为本的校长培养培训内容，更体现了其实践取向。

在国内，坚持校长培训的实践性取向已经引起研究者的关注。"培训要适应教育家型校长成长的需要，要结合校长工作的实际，关注学校改革与发展的实践，并通过培训促进学校的改革与发展。坚持实践导向的培训，一方面，要坚持培训的目的是基于实践并为了实践的，培训要以校长实际办学中所遇到的问题为中心来组织教学，要以培养和训练校长发现问题、分析问题和解决问题的能力为重点来开展活动；另一方面，培训要超越于校长在培训机构的时空限制，将培训、研究、咨询与学校改进相结合，要深入到学校改革的第一线，切实提升学校的办学质量与水平，并且通过对所培训校长及所在学校的系统反馈和长期跟踪，不断提高培训工作的针对性和有效性。这样的校长培训，不仅可以促进校长的自我完善和可持续发展，而且可以促进校长所在学校的持续改进和可持续发展。"[②]

二、实践性取向的理论基础

校长培训强调实践性，源于实践知识观。艾尔巴兹（F. Elbaz）是第一个提出教师是"实践性知识"的学者。她认为教师确实拥有一

① 洪明．"反思实践"思想及其在教师教育中的争议：来自舍恩、舒尔曼和范斯特马切尔的争论［J］．比较教育研究，2004（10）：1

② 代蕊华．论教育家型校长培训的策略选择［J］．教师教育研究，2009（9）

种特别的知识，它通过实践行为以及对这些行为的反思来表达。这种知识难以编码，是经验性、内隐的，它源于对实践情境的“洞见”。[①]而率先倡导专业实践知识论的肯恩（Kane）强调：实践性知识的生成与一般技术性知识或是通过实证科学发现的知识很不相同，实践性知识通常来自非逻辑性的过程，实践者必须通过“行动中认知”与“行动中反思”等方式，才能够生成实践性知识。换句话说，实践性知识是人们经过慎思过程的个别化建构获得的知识。

也有学者认为，实践取向的教师知识观建立在主观主义哲学的基础上。主观主义者认为，知识是人的心灵意识对整个外在世界所作出的理解或意义建构，是主动创造的结果，而不是外界塑造心灵的结果。教师实践性知识，一方面源于教师对教育实践经验的审查与反思；另一方面源于教师基于实践背景重新解读和反思教育理论，最终形成在专业领域能够有效发挥作用的实践性知识。两种来源均表明：实践与反思是获得教师实践性知识的必要条件。进而，倪小敏在陈向明研究的基础上阐述了教师的实践性知识的构成成分：①教育信念。教师的信念是积淀于教师个人心智中的价值观念，涉及对诸如“教育的目的是什么”、“什么是‘好’的教育”等问题的理解；②自我知识。包括自我概念、自我评估、自我教育管理效能感、对自我调节的认识等；③人际知识。包括对学生的感知和了解、热情、激情；④情境知识。对情境判断并作出恰当选择；⑤策略性知识。教师对学科内容、学科教育管理法、教育学理论的理解、把握，方法的选择等；⑥批判反思知识。有关反思的时机与类型以及反思能力发展的知识。[②]

---

① 林一纲．中国大陆学生教师实习期间教师知识发展的个案研究［M］．上海：学林出版社，2009：55

② 倪小敏．实践取向：职前教师教育模式的重构［J］．教师教育研究，2010（1）：22－27

校长培训的实践取向也基于建构主义的观点。按照建构主义理论观点：学习是在一定的情境即社会文化背景下，借助于他人的帮助，如人与人之间的协作、交流等，通过意义的建构而获得的。同时，建构主义又把理想的学习环境分成情境、协作、交流和意义建构四个部分。所谓“情境”，是指为有利于学习者对所学内容的意义建构而创设的学习环境。“协作”，在一定的意义上是协商的意识，协商主要有自我协商和相互协商。自我协商是指自己和自己反复商量什么是比较合理的；相互协商是指学习小组内部之间的商榷、讨论和辩论。“交流”，是协作过程中最基本的方式或环节，在这个过程中，每个学习者的想法都为整个学习群体所共享。“意义建构”，是教学过程的最终目标，其建构的意义是指事物的性质、规律以及事物之间的内在联系。在学习过程中帮助学习者建构意义，就是要帮助他们对当前学习的内容所反映事物的性质、规律以及该事物与其他事物之间的内在联系能有较深刻的理解。①

三、校长跟岗学习的特点

随着我国校长培训的深入开展，实践取向作为一种新的价值取向在校长培训中开始发挥重要的指引作用。校长跟岗学习作为实践取向下一种校长培训的方式与方法，在培训课程设置与内容安排，培训评价方式与手段等方面，都开始呈现出自己的特点。具体特点为：

（一）强化教师与学员间联系，形成“师徒结对”模式

校长跟岗学习中最核心的关系是基地学校校长与参训校长之间的“导师与学员”关系，基地校长须履行导师的职责，参训校长须履行学员的职责，双方须有正确的自我定位。

① 邹枫．“易校蹲点”：校长提高培训活动的实践与思考［J］．中小学教师培训，2009（11）：30－33

人格魅力，折服我心[①]

初到跟岗学习之地的第一天，我们已感受到“工作室”主持人丘红慧老师和“工作室”所在学校李红怀校长的迷人魅力，他们谦逊真诚、平易近人、热情好客又风趣幽默，令我们感到可亲又可敬。一位是广东省名校长，一位是广东省名教师，身份不俗，地位不低，但他们没有一点架子，是那么的平易近人、和蔼可亲、谦逊有礼，真是难能可贵，单单这种谦逊的态度就值得我们学习了。而在之后的跟岗学习的日子里，我们更为两位导师的高尚人格和师德所深深折服、深深感动。李校长，虽为一山区小学之长，但他学识渊博，目光长远，高瞻远瞩，胸怀广阔，忧国忧民。他以教书育人为己任，治校以人为本，尊重学生的生命个体，以“我能行”为校训，激发师生的信心和潜能，培养学生的健全人格，为学生的终身发展打下扎实的基础。同时，他关心教师，时刻将教师的疾苦记在心里，努力为教师排忧解难，赢得了全校师生的一致爱戴。“实小”学生中流传着一句童谣：“学校是我家，李校是我爸。”从这句童谣可以知道李校长在学生心中的地位，他真不愧是一位有远见、有爱心的校长。而我们的导师丘红慧老师，虽然已经是省特级教师和名师，但她非常谦逊有礼，她常常对我们说，自己只是一个“主持人”，感谢我们到他们学校传“经”送“宝”。看，丘老师是多么谦逊啊！而更令我们敬佩的是丘老师那份爱岗敬业、恪尽职守、无私奉献的精神和她一丝不苟、严肃认真的工作作风。每天，丘老师都比我们早到工作室，比我们晚离开工作室，她不但要指导我们学习，还要兼顾学校的工作，每天都忙得像陀螺转。但她每天都是精神抖擞充满干劲，似乎有用不完的劲儿，我们从没见过她露出倦容。我们惊讶于她旺盛的精力和充足的干劲，禁不住问她为何总是那么有干劲不觉得累。答曰：她在享受工作，所以不觉得累。啊！一切尽在此言中。这是一种崇高的思想境界，这是一种

① 广东省中小学名师工作室. http://blog.sina.com.cn/guangdongmingshi

无私奉献的精神，这是一种高尚的师德！

两位导师的崇高的人格魅力深深地感动了我们、折服了我们，我们的思想受到了深刻的洗礼。我们都以他们为榜样，努力向他们学习、靠近。

（二）创造具体学习情境，使学员“身临其境”

跟岗学习强调给参训校长提供直接观察校长管理行为以及学校主要工作的机会，让参训校长身临其境，进行持续的、随时的、细致的观察与体验，从而获得真实、全面、深刻而又强烈的印象。

全程深度体验①

这是一张江苏南通东洲中学接待广东第二组挂职校长的活动表，一周时间安排得满满当当，记录了跟岗交流的全过程：

10月24日下午到学校后，安排好住宿，参观校园，晚上举行简朴的欢迎晚宴；

25日是学校的运动会，组织挂职校长全程参与和观摩；

26日是周日，休息一天；

27日上午校长管理工作交流，主要由张炳华校长介绍办学总体情况，与挂职校长开展面对面交流，下午与学科主任交流教学工作，参加留新学生欢送会；

28日上午进行师资培养及教科工作交流，下午研讨德育工作，与年级部主任和班主任交流，晚上参加学校的政治业务学习；

29日上午考察当地兄弟学校，下午进行办公室工作和外事工作交流，晚上参加与四川震区阿坝班同学共庆羌历新年活动；

30日全天听课，完成在校学习活动。

培训日程安排紧凑，内容丰富。短短的一周时间，参加培训的广东校长全程参与了学校的各项活动，对东洲中学有了全面、立体的

---

① 张占英．寻找飞翔的翅膀［J］．中国教育报，2008（5）

了解。

“东洲中学发展经历了三个阶段：一是教学工作打翻身仗，二是学校特色文化建设，三是走国际化教育的路子。我们还处于第一阶段。”东莞常平振兴中学校长李暖休深有感触地说，“东洲从薄弱学校到强势名校的关键，就是因为有了张炳华这个智慧型的校长。张校长强调智慧与管理。在智慧方面，他的视野很宽阔，又很有气魄。在管理上实行精细化，学校没有制度化外的人，也没有制度化外的事，实现了行政管理和基层管理的无缝化对接。但一以贯之的是人性化，学校不以强制化为手段，而是以内涵建设去引领。走进东洲的本校和分校，都能感受到一种平和的气息。即使‘迟开的菊花’这个小小的教育故事，也让我刻骨铭心。”

——这是学员对一个校长的深度体验。

走进苏州吴江中学，来自深圳市坪山高级中学的廖翠华校长，被这里一派水绿风淡、清静恬雅、高古沧桑的景象深深吸引，在宋代古桥遗迹、明朝文庙、碑林、陈列室，在“明德至善、时习日新”的校训前，驻足感受着这所千年学府百年老校的风韵。为了学习他们的教学经验，高中3个年级的课廖翠华都推门去听，和任课老师交流，同3个年级的领导小组沟通，与学生进行谈话，倾听他们的评价和感受；利用午间和家长聊天，甚至从出租车司机口中，全面解读、多方了解，寻求学校培养多名院士和作家的答案。

——这是学员对一个学校的深度体验。

……

（三）提供良好交流平台，促进“经验借鉴”

参训校长也具有相当的学校管理经验，甚至形成了管理行为的“固着模式”，通常情况下，很难发现自身行为与他人的差异性，而跟岗学习所提供的“现场体验”，如同一面镜子，将会产生明显的“认知、行为比较”效应，使参训校长很容易发现管理行为上的差异性，而对这种差异性的反思，将为参训校长的行为改变或调整提供动力与目标。

在反思中成长[①]

跟岗收获智慧，也“产生”问题。

“为什么洋思誓言‘没有教不好的学生’?”

“为什么东洲中学新教师第一年不上课，而只让他们去听课?”

“为什么我们习惯发奖金，而他们却把外出培训当福利?”

“为什么他们能普遍开展对学生终身发展有益的活动?”

“要带着问题去，在跟岗中发现问题，在跟岗中进行反思，在跟岗中寻找答案。整个过程要有跟岗日记，回去要进行认真总结，每个人要有成果表示。”对此组织者早有准备，把问题当课题和任务来布置。

每个跟岗培训的项目，都是三五个人为一组，每个组都任命组长。这样的组合不大不小，相对比较松散，像组建的一个沙龙。“你有一个苹果，我有一个苹果，我们相互交换，一人只有一个苹果；你有一个理解，我有一个理解，我们相互交换，就多了一个理解。”在跟岗学习过程中，对于带来的问题，对于淘来的“宝贝”，他们每天都要进行讨论，每周都要进行小结，进行反思、碰撞和交换。

校长们学会了学习、思考、接受，也学会了怀疑、否定和拒绝。

“有些学校拼时间拼得过火了，学生6点钟就起床，中午休息只有半个小时，星期六还要上课，强度太大了，节奏太快了。这在广东是绝对行不通的，孩子和家长也不会答应。”

“有的学校把学生管得太死，孩子怎么快乐？在这些方面，广东其实做得更好。”

在跨省跟岗学习和不断反思中，校长们在成长。新的教育思维，新的办学目标，都会像种子一样萌芽，在广东省的各个学校开花。

① 张占英．寻找飞翔的翅膀［J］．中国教育报，2008（5）

（四）建立友谊关系，发展成为“合作伙伴”

培训者和被培训者既是导师与学员的关系，同时也可以成为合作学习的伙伴。基地校长和挂职校长要尽可能通过平等交流、合作研究、相互讨论等多样化的方式，实现取长补短的目标。同时也可以通过实践培训的纽带，力争建立后续校际之间的交流机制。

（五）激发学习积极性，促进“自主学习”

所谓自主学习是指学习者主动地判断自己的学习需求、确定学习目标、选择学习资源并评价学习结果的过程。作为学校的管理者，参训校长通常具有强烈的自主学习的目标追求，实践锻炼培训提供了一种“差异化”的学校管理的环境，这将极大地激发参训校长自主学习的动力，培训应为这种自主学习提供条件。

像在超市里自选才有收获①

“我们像进了超市，自己想挑什么东西就拿什么东西。”这是广东参训校长对跟岗学习的共同感受。

狮子带着一群羊，羊就会变成狮子；羊带着一群狮子，狮子也会变成羊。在跟岗学习中，对于名校长的教育理念、成功经验和人格魅力，受训的校长反响一致而强烈。感受到不同风格的治校方略，校长们更加认识到专业成长的重要，都有了提升自己的觉悟和动力。

“湖北的校长都有一种荆楚文化的大气。”

“江苏的校长都有教育思想、人格魅力，就是开玩笑也开得有水平。”

“北京名校的校长既能讲又能写，有学者专家风范。”

……

东莞的15位校长，在北京八中、北京五中、广渠门中学、育才中学跟岗。东莞中学校长黄灿明说：“北京名校的教育已经很超前了，我们照搬回去未必都有效果。我认为应主要了解人家的先进经验，回

① 张占英．寻找飞翔的翅膀［J］．中国教育报，2008（5）

去好好梳理一下，对我们工作进行改进和提高。”他说回去后一定要把学校的2006—2010年规划重新审视一下，让办学方向更清晰，把目标定得更明确。

东莞一中卢旭昌校长说：“北京的学校都很注重教师和学生两个积极性，授课辅导时间比较少，没有严重的高投入、高消耗现象。我们回去要从这里进行突破。”

莞塘厦中学黎灼辉说：“北京把学习方法作为一门课程，分细节进行学法指导，对不同年级、不同课程、不同学生进行细化，这是我们学习的方向。”

也许就像做饭前的准备一样，不能说面重要，水不重要；也不能说盐重要，醋不重要。只要有用处，都很重要，都值得选择。但只有按照实用的原则，从超市挑着搬，才能真正有收获。

第三节　校长跟岗学习的价值分析

校长培训跟岗学习之所以取得诸多成效，其原因在于符合校长专业成长和校长培训自身改革与发展的需要。校长培训跟岗学习对丰富我国校长培训实施体系，提高校长培训有效性，促进校长专业化发展具有重要作用。

一、丰富校长培训实施体系

我国现有校长培训体系构成包括校长任职资格培训、校长提高培训和校长高级研修。国家对校长任职资格培训、提高培训、高级研修的培训目标作了明确规定[①]：校长任职资格培训是使校长具备基本的政治素养、品德修养和校长管理必备的知识构成与管理能力，它实际

① 资料来源：教育部关于印发《全国中小学校长任职资格培训指导性教学计划》和《全国中小学校长提高培训指导性教学计划》的通知

上是“掌握履行岗位职责必备的知识和技能为主要内容的培训”。校长提高培训依托于任职资格培训，是以学习新知识、掌握新技能、提高管理能力、研究和交流办学经验为主要内容。校长高级研修是“对富有办学经验并且具有一定理论修养和研究能力的校长进行的，旨在培养学校教育、教学和管理专家的培训”。从培训目标来看，校长培训目标主要侧重于校长的专业精神、专业知识、专业能力，而现行的校长培训实施体系侧重于解决校长专业知识，重视理论知识的传授与学习，集中于理论水平的提高，对于校长能力的提升，现行校长培训实施体系难以承载、运行。实践性价值取向的确立及对校长跟岗学习方式的重视，有利于改变此现状，丰富我国校长培训实施体系。

其一，实践性取向下的跟岗学习方式可以解决校长任职资格培训的“应会”问题。在现行的任职资格培训中，课程设置重视系统性，教学计划重视理论学习，教师教学以理论讲授为主，300 个学时中有 240 学时为理论学习，60 学时为实践课程，这一培训体系虽然能够较好地解决校长“应知”问题，但未能有效解决校长的“应会”问题。实践性取向下跟岗学习方式的有效使用，能够帮助校长解决“应会”问题。即利用跟岗学习的优势，校长任职资格培训可以采用“理论讲座 + 跟岗学习 + 考核认证”的培训模式。其二，可以提升校长提高培训的质量。利用跟岗学习的优势，校长提高培训可以采用“专家主题组班课程 + 跟岗学习 + 总结交流”的培训模式。“专家主题组班课程”是由专家们根据各自的研究课题，自行组成若干个团队，每一个专家团队自行策划培训主题和培训方案，校长根据自身的需求选择适合自己的学习主题，根据校长的选择结果进行分班教学。这种课程体系既发挥了教师团队的集体智慧，又防止了与任职资格培训和高级研修在内容上的重叠。跟岗学习和总结交流是专题培训的延伸，专家和校长共同进入学校，进行现场学习，现场学习对于领会和深化专题教学内容，提升校长管理能力具有重要意义。其三，借鉴实践性取向及其培训方式的优势，把校长高级研修与校长工作室相结合。通过跟岗学习、导师指导、诊断咨询、合作研究等方式，提升校长的办学智慧、实践能力和研究水平。

二、提高校长培训有效性

培训有效性是指在培训中受培训者是否学到了技能或者获得了知识或能力①。校长培训的有效性应该是指校长在培训中是否学到技能或者获得相关的专业知识或者能力的提升。研究者发现②，目前我国中小学校长培训具有“效能不显著、效率不高、参与程度较底”的特点。诸多原因影响了培训的有效性，如行政力量支配性过于突出，培训模式单一，培训方式与手段落后，培训的课程设计与教材开发滞后等。问题的出现要求我们重新思考现行的培训模式，找出有效性较低的关键性因素。在现行学院培训模式下，侧重于讲授式为主的培训方式，理论知识为主的培训内容，参与培训的校长地位被动，直接影响了校长培训的有效性。实践性取向有利于提高培训的吸引力，提高参训校长的积极性，从而改变目前我国校长培训缺乏效率与效能的困境。

实践性取向下的跟岗学习方式，改变了现行学院培训为主体的、理论讲授式为主的培训方式，创新了专题式、互动式、体验式结合的培训方式，其目的在于转变参训校长在培训中的被动地位，提高校长的参与性。该培训方式激发了参训校长学习的积极性和主动性，有利于提高培训的有效性。近年来，广东省实施了校长挂职培训项目和中英合作培训项目，将专题式、互动式与体验式培训相结合，取得了良好的培训效果。校长挂职培训以深度体验为主，专题式、互动式培训为辅，体验式、专题式、互动式培训有效结合，打破了校长培训中

---

① （美）约翰 M. 伊万切维奇著，赵曙明译．人力资源管理［M］．北京：机械工业出版社，2005

② 谭玉菡．情境式中小学校长培训模式研究［D］．湖南师范大学，2007：1－2

“从理论到理论、从课堂到课堂”的局面，开创了“在实践中学习、在学习中实践”的体验式培训方式。在中英合作培训项目培训中，英国专家采用“多重感官学习法”，包括小组讨论、深度会谈、情境活动、角色扮演等方式，使校长在参与中亲身体验，获得领悟，获得经验和技能。这些强实践性培训方式较好地解决了我国现行重理论讲授式为主的培训方式，突出了参训校长的本体性，使参训校长能够在实际情境中亲身感受名校风采，领会名校文化与精神，带着问题与名校长面对面地交流与学习、开展问题研讨、课题研究。体验式、专题式与互动式的培训方式提高了培训的吸引力，促进了校长积极参与性，激发了校长学习主动性，校长们不再将培训看做是被动的行政指令任务，而视为自我发展与自我提升的良好平台。

因为渴望而珍惜①

“能到这么好的学校学习，真是太幸运了。”开口第一句，赖其珍如是说。赖其珍来自惠州市博罗华侨中学，她是25名广东校长赴湖北名校跟岗培训项目中的一员。虽然到华中师大一附中快一个月了，但她还是很兴奋和激动。

“首先是这种方式。”她说在广东也参加过两次校长提高班的培训，经过了比较完整的理论学习，不能否认，必须有这个过程。但到外地名校体验学习，对提升更重要、非常的重要。

作为一位主管德育的副校长，她对自己的“职业”特别用心。她说德育工作在许多学校还处于“说起来重要、做起来次要，忙起来不要”的状况，而观察华中师大一附中的养成教育，特别喜欢他们“温柔而坚定”的教育理念，的确很人性化。每个高中学生都要参加实践活动，到社区、去工厂、下农村，甚至还走进监狱，开展主题实践活动。阅读学生实践活动报告，让人感动、让人回味、让人振奋，能真切体验他们所受到的强烈冲击和教育。

① 张占英．寻找飞翔的翅膀［J］．中国教育报，2008（5）

华中师大一附中的校长张真也是女性，在赖其珍看来，张真校长既有男人一样的气魄和胸怀，又有女性特有的韧性和细腻。她说很佩服张真校长对教育的理解："教育的成功不在于学生已经学到了什么，而在于学生终身都有一种学习的欲望，都懂得怎样去学习。"张校长和他们座谈，陪他们听课，一起去职工食堂就餐，这让她感到特别温暖和亲切。

赖其珍说，学校把他们都当做自己人，邀请他们参加学校的行政会议，讨论学生安全长跑、开设教师论坛、学校预算管理办法等议题。他们还参加了学校职工的羽毛球比赛，参与了新校服的挑选和论证。

毕竟是两个月的学习时间，作为一个母亲，时间还是比较长的，自然会遇到一些困难。她说孩子的学习让她担心，但机会难得，家里人都很支持，晚上写好笔记了，经常给孩子打电话。"我们这个组的陈富云、莫志明都是一把手校长，还要操心几千人的学校，比起他们我容易多了。"

赖其珍利用周末，到黄冈中学去了一趟。她还想私下和另一位跟岗校长换一换，利用最后一周多时间，到武汉中学"串门跟岗"去……

三、创新校长培训模式

当前校长培训实践取向的实现途径主要是通过校长工作室等方式实现跟岗学习。那么就跟岗学习活动而言，它具有显著的现实价值。[①]

（一）搭建平台，促进交流

跟岗学习活动为校长提升自我、发展自我搭建了平台，为学校教育和管理水准的进一步提升及可持续发展搭建了平台。校长们的办学

① 邹枫．"易校蹲点"：校长提高培训活动的实践与思考［J］．中小学教师培训，2009（11）：30－33

经验是校长培训的重要资源之一。他（她）们经过学校领导工作岗位的磨砺，不仅具备了相应的理论知识和管理素养，而且也形成了其独特的领导智慧和处事能力。而跟岗学习则在以学习为背景的组织环境中，为校长们搭建起一个集解决问题、完成任务和学习为一体的交流平台，其目的便是促使他们能够将缄默的实践性知识与明确的理论知识通过充分互动进行整合，并在讨论、交流、概括、反思的学习过程中，寻找到解决问题的思路或方法，从而发展自己的潜能、解决新问题、谋划新的行动计划。

（二）面对实际，破解难题

成人学习理论家诺尔斯（M. Knewles）强调，成人的学习准备状态是由真实的生活任务和问题所激发的。的确，从当前成人培训的总趋势看，围绕主题，突出以问题为中心的小组讨论式、观察实践式以及诊断性研究的培训方式，备受理论界推崇，并且在实际应用中普遍受到参训者的欢迎。所以，面对校长在解决学校改革发展、提升校长工作能力、缩短学校之间的差距等方面的实际需求，跟岗学习通过“着眼于分析当前学校管理的实践和教育发展的形势，运用学习团队的智慧和力量，以被跟岗学校为案例，共同诊断、探究问题解决的方法和思路，以实现经验共享、智慧共享的目的”等活动，不仅符合了校长们的学习特点和培训需求，而且更加使培训变得直观、有效，贴近校长的工作实际，对现实具有较好的指导作用。

（三）互动参与，实现提升

调动校长参与培训的热情是提高校长培训实效的关键因素。其实，校长培训不是在一张白纸上作画，而是对已具备一定理论及实践基础的学员的再造。校长们不仅需要培训内容具有针对性和具备实际素材，而且更要求在培训方式或方法上，将学习兴趣和工作实践联系起来。只有通过学习新知识、交流新经验、研究新问题，才能增强自身的学习意识和创新意识，更新知识结构，实现提高组织实施素质教育的能力。而跟岗学习则通过学、研、用“三位一体”互为联动、相互促进、滚动发展的培训方式，让校长们在互动参与和对话交流过程中，激发学习的兴趣，从而使他们能从不同专业背景、不同知识水平、不同成长经历、不同实践经验以及原有熟悉的工作领域里跳出来，更多地去关注各层次教育的衔接，从教育的全局、从学生成长的整个历程去领悟教育管理的真谛，整体提升自身的领导水准，实现由骨干校长向教育专家型校长的蜕变。

四、促进校长专业化发展

有学者认为[①]：校长专业化是指“校长在逐步深化对教育意义认识的基础上，不断增强历史使命感与专业精神、不断提升道德与伦理追求、不断提高学校领导专业技能与能力的过程”。还有学者认为[②]：“校长专业发展是指校长的内在专业结构不断更新、演进和丰富的过程”，包括校长的“专业精神、专业知识、专业能力、专业伦理、自我专业意识等”。如何促进校长专业化发展，建立在理论学习基础上的价值取向能否引领校长走向专业化？通过教育知识与理论学习能否提升校长专业精神，提高专业能力与专业伦理，培养自我专业意识？诚然，我们不能否定教育知识与理论学习的重要性，正如褚宏启所说，“不能把理论知识排斥在校长专业化的知识基础之外”，但是在重新思考校长专业化成长时，现行以理论知识学习为基础的价值取向还能否起到有效的指引作用，值得怀疑。

实践性取向下的校长跟岗学习以实践性知识学习为核心内容，以参训校长为中心，在实践活动中提升校长实践智慧，促进校长专业化发展。实践性取向下的校长跟岗学习要求校长不断提升实践智慧，这归因于实践智慧是校长专业化成长不可缺少的部分。实践智慧的提升

① 陈玉琨．校长专业化问题研究［J］．上海教育，2004（6）：27
② 褚宏启．对校长专业化的再认识［J］．教育理论与实践，2005（1）：11－16

包括校长的个人品德、理论修养、专业素养、道德伦理等诸多方面的综合性能力的提升，然而，如何才能提升校长实践智慧，促进校长专业化发展？首要解决的问题是正确认识实践智慧的内涵。校长实践智慧认为①，校长需要明事之“理”，学之“理”；掌握好度之“法”，差之“法”。事之“理”是指校长需要明白自己的本分，做到只做大事、做查漏补缺的小事，但是不做具体事。学之“理”要求校长学会学习与做学术研究，且学习要会读、会获取信息、会反思；作学术要逻辑清晰、学理通透、成果严肃。度之“法”要求校长“做人要有高度，处世要能适度”，具备统筹、平衡与应变三种能力。差之“法”要求校长看问题要懂得差异，尊重事物间的差异性，在差异前找出问题，查明原因，产生策略。因此，校长实践智慧不是一种单一的专业能力，它是校长亲身参与、体验，分析问题、解决实际问题的综合多学科的知识和能力，包括会做事，即专业能力；会学习，即自我反思、更新能力；懂研究，即研究能力；知度之法，即道德素养与专业伦理；知差之法，即办学理念。校长实践智慧的提高，其实际是，使校长构建起实践性知识体系，促进了校长理论知识、专业知识、操作性知识、建构性知识、伦理与情操、思维与理念等多方面发展，符合了校长专业化发展内涵的多元化，从而满足了校长专业化发展需求。因此，校长培训立足于实践取向，有利于提升校长实践智慧，有利于促进校长专业化发展，促使校长在专业精神、专业知识、专业能力、专业伦理等多方面获得训练与提升。

① 汤丰林．校长实践智慧的“理”与“法”［J］．福建教育，2009（8）．（转引自中国民族教育，2009（10）

第二章

组织跟岗学习

从跟岗学习的过程来看，组织跟岗学习主要分为三个阶段：第一，准备阶段，包括建立实践基地、制订培训方案、落实跟岗学习；第二，实施阶段，包括理论培训、跟岗学习、过程指导；第三，总结阶段，包括做好总结、扩大跟岗效应等。

第一节　准备阶段

一、建立实践基地

（一）建立校长培训实践基地的目的

为中小学校长培训的实践锻炼提供实践场地和载体。主要是为中小学校长提高综合素质和学校管理能力提供学习基地。

【案例】

广东省中小学校长培训实践基地管理办法

第一条　为明确中小学校长培训实践基地的职责和任务，充分发挥中小学校长培训实践基地在我省中小学校长培训中的作用，根据《关于建立广东省中小学校长培训实践基地的通知》（粤教继〔2005〕

3号）有关要求，制定本管理办法。

第二条 中小学校长培训实践基地是我省农村校长综合素质和学校管理能力提高的实践场所，是中小学校长培训实践锻炼，包括校长任职前实习、挂职锻炼、学习考察、教学观摩的重要场地。

第三条 中小学校长培训实践基地经市县教育行政部门推荐、省教育厅进行资格审定后遴选确定并予挂牌，委托省中小学校长培训中心负责具体业务指导。

第四条 中小学校长培训实践基地应具备的条件：

（一）省一级以上学校；

（二）办学成果突出，办学较具特色，在当地能起示范作用的学校；

（三）所在学校各项管理规范，办学水平较高，校长具有现代办学理念，具有较强的学校领导与管理能力，具备较强的实践指导能力，在省市有一定的影响；

（四）所在学校校长应参加过省级骨干校长培训并取得合格证书，具有高级职称。

第五条 中小学校长培训实践基地的任务：

（一）负责安排由省教育厅指派或由省中小学校长培训中心组织的中小学校长考察学习或教学观摩。

（二）负责安排由省教育厅指派或由省中小学校长培训中心组织的中小学校长挂职锻炼；解决挂职校长食宿问题（费用由派出单位解决）；为挂职校长安排一个相应的副校长（不占职数）或校长助理岗位；为每一位挂职校长制订具体的实践指导方案并进行实践指导；挂职结束时，负责对挂职校长进行考核并作出书面鉴定，并对其进行一年的跟踪指导。

第六条 中小学校长培训实践基地所在学校校长（含副校长）可优先安排参加由省教育行政部门或者省中小学校长培训中心组织的国内外教育交流考察活动；优先安排参加由省教育行政部门组织的境外

公费培训；优先聘请担任省中小学校长培训中心兼职教师。

第七条 中小学校长培训实践基地实行定期检查考核制度，对工作成绩突出的中小学校长培训实践基地所在学校或校长将给予表彰和奖励；对完成工作成效差的学校将取消其资格，并收回实践基地牌匾。

第八条 中小学校长培训实践基地实行动态管理。省教育厅根据校长培训工作的需要，对校长培训实践基地的学校和数量作不定期调整。

第九条 本办法由省教育厅负责解释。

第十条 本办法自发布之日起施行。

（二）实践基地的条件

从各地建立实践基地的条件来看，主要是从基地学校和基地学校校长两个方面提出要求。基地学校一般是办学成果突出，办学较具特色，在当地能起示范作用的学校；基地学校校长应该具有现代办学观念，学校管理规范，办学水平较高，校长具有较强的学校领导与管理能力，具备较强的实践指导能力，在省市有一定的影响。

【案例 1】

中国移动中小学校长培训项目校长培训实践基地申请表

学校名称			
通信地址			
联系电话		邮政编码	
电子邮箱		传　　真	
校长姓名		联系电话	
		手　　机	
学校教育主管部门		联 系 人	
		联系电话	

（续表）

学校的历史沿革	
学校的基本情况（办学条件、师生数量、领导班子情况等）	
学校的主要办学成绩与特色	[请另附页将特色经验材料（5 000 字左右）一起报送]
学校获得的主要荣誉及奖励	
与开展校长影子培训有关的其他情况	
学校主管部门意见	单位盖章 年　月　日
省级教育部门意见	单位盖章 年　月　日
教育部人事司意见	单位盖章 年　月　日

【案例2】

中国移动中小学校长培训项目校长培训实践基地学校校长登记表

学校名称：　　　　　　　　　　　　　　　　　　主管部门：

姓　名		性别		民族		出生年月		电子照片
最后学历		学位		专业		政治面貌		
现任领导职务				任职时间				
专业技术职务				任职时间				
通信地址						邮政编码		
办公电话				手　机				
传　真				电子信箱				
学习及工作经历								
获得的主要荣誉和奖励								
主要办学思想和理念								
主要研究成果								
与影子培训有关的其他情况								
学校主管部门意见	单位盖章 年　月　日							
省级教育部门意见	单位盖章 年　月　日							

（三）跟岗前准备工作

把参加跟岗学习的校长，放在合适的学校，是一项重要的工作，也是一份细致的工作。一方面，跟岗学习这种方式，主要环节是跟岗，把校长放到一所学无所获的学校呆上两周或更长时间，是一件很痛苦的事，直接影响跟岗学习的效果。另一方面，跟岗学习是一种个性化的学习方式，接待跟岗学习的基地学校的接待能力如何，也是必须预先落实的。因此，做好跟岗前准备工作十分重要，具体来说，需要做好以下几个方面的工作：

1. 参加跟岗学习的校长

（1）要求调查学员跟岗学习需求。包括校长参加跟岗学习最想学习的学校类型，跟岗学习期间最想解决的问题。

（2）要求参加跟岗学习的校长安排好所在学校工作，保证全身心投入跟岗学习。

（3）要求参加跟岗学习的校长准备一份所在学校上一年度工作总结，交给跟岗基地学校作为交流材料。

（4）要求参加跟岗学习的校长思考所在学校在发展中碰到的难点问题，做到带着问题去跟岗学习；选择一两个问题作为挂职期间的研究重点。

（5）要求参加跟岗学习的校长准备必备的学习、生活用品。

2. 与基地学校联系，落实相关工作

（1）参加跟岗学习的学员人数、性别、民族、学员所在学校的基本情况。

（2）整个跟岗学习的内容、程序、时间安排。

（3）以及其他需要特别说明的问题。

二、制订培训方案

（一）《指导手册》

指导手册的目的，主要为参加跟岗学习的校长提供学习指导，以保证工作的有序性和有效性。主要包括：跟岗学习简介、跟岗学习基本流程、参训学员研修要求、培训机构职责、基地学校职责、相关培训表格附件等。

（二）《服务指南》

包括：培训各阶段安排、注意事项、基地学校简介、培训机构简介以及相关教学辅助设施简介、相关工作负责人、联系方式等。

【案例】

广东省中小学校长挂职学习指南

一、挂职工作流程

（一）前期准备

接挂职锻炼通知后，结合本人和本校实际，做好自身学校的发展现状分析，找出现存问题，制订出切实可行的学习计划，明确个人在基地学校的学习重点。

1. 报到

按书面通知规定的时间与地点报到。

2. 集中培训

（1）专家引领，转换角色，进入学习状态；

（2）由专家开设教育管理讲座；

（3）请专家讲授总结报告写作要求；

（4）明确挂职要求、注意事项等；

（5）参加由省厅领导、中心领导、基地学校代表出席的挂职动员会，赴基地学校开始挂职。

（二）挂职期间安排

1. 第一周至第三周

与挂职学校领导班子和学校中层干部见面交谈，初步了解挂职学校基本情况之后：

（1）全程参与学校的行政管理、教学和教研活动（包括由学校安排参加学校行政会议、教学科研活动）。期间可采取分段跟班（包括正副校长、中层干部、年级组长）学习锻炼，内容围绕校长领导艺术、学校行政管理、教学（研）管理、教师管理、学生管理、校纪校风建设、班级管理、德育、教学、后勤管理等。

（2）在此期间，思考相关课题，与指定的导师沟通，并在导师指导下进行总结及学校工作改进方案的写作。

2. 第四周

继续观察和参与基地学校的管理和运行。

思考改进本校工作的方案，并与基地学校校长交流、研讨，听取指导意见。

向基地学校领导班子汇报基地挂职期间的工作学习体会和主要收获，请基地学校的班子成员对本人挂职期间的表现进行考核点评，提出建议。

学习总结报告定稿，发回省中小学校长培训中心和导师邮箱。

3. 第五周：总结交流会

挂职校长返回广东第二师范学院参加总结交流会，上交总结报告和挂职日志及信息反馈表，汇报交流收获体验，由专家进行点评，合格者颁发结业证书。

4. 第六周：省外教育考察

到教育发达地区学校进行短期的参观学习，在省内挂职锻炼的基础上进一步开阔视野。

二、规定与要求

（1）定期分组交流。第三周安排半天时间，以挂职市为单位集中挂职人员开展一次交流，召集人由省中小学校长培训中心指定。

(2) 假期。挂职校长享受与基地学校教职工同样的假期，其他时间原则上不准请假。有特殊情况确须请假的，要报批。请假少于三天的，由基地学校校长签批；三天以上（含三天），要报省教育厅教师继续教育指导中心批准。无故缺勤三天者，挂职无效。

(3) 费用。伙食费按基地学校师生标准缴纳，由挂职校长自理；差旅费回原单位按实报销。

由于挂职所在地生活消费水平相对较高，建议派出地教育局和派出学校给挂职校长适当补贴。

三、挂职校长职责

(1) 接到培训通知后，尽快了解情况，并结合本校和本人的需要，制订个人学习计划与学习重点。

(2) 报到后尽快实现角色转换、加强沟通，以学员身份严格要求自己。

(3) 认真参加锻炼，听从挂职学校在食宿、工作方面的安排，尊重并遵守挂职学校的各项规章制度，依照要求按时完成各项挂职任务。

(4) 要带着问题参加挂职，力求有所心得，解决实际工作中的一个或几个困惑、问题。

(5) 挂职过程中认真参与学校的各项活动，及时交流，认真思考。

(6) 撰写《挂职锻炼日志》，详细记录各项培训活动安排、学习观摩的收获和体会。

每天写挂职锻炼日记，记录所见所闻，思考相关课题，与同行校长交流，与指导老师沟通。

(7) 11 月 12 日前以电子文档和书面两种形式向省中小学校长培训中心办公室提交学习总结报告。报告可以围绕“基地学校的主要办学经验、自己的感悟与体会、对自己任职学校工作的启示、未来自己学校改革与发展的设想”四个部分撰写。

(8) 挂职期间，要高度重视个人的人身安全和饮食安全。

四、挂职学校职责

(1) 基地学校要指定专人负责接待挂职校长，陪同熟悉学校环境。

(2) 负责安排挂职校长的食宿（食宿一般安排在校内），提供基本生活条件。

(3) 基地学校校长要在第一时间与前来挂职的校长见面，并向他们介绍学校情况；了解挂职校长在挂职期间学习锻炼需求以及对生活安排的意见，并共同制订具体指导计划。

(4) 组建培训工作团队，整合资源，确保培训工作顺利进行。挂职校长主要跟基地学校班子学习领导管理方法，基地学校校长负第一责任，其他班子成员分工合作、共同参与指导。

(5) 尽可能安排挂职校长与学校班子成员同室办公，并提供必要的办公用具。

(6) 挂职校长全程参与学校的行政管理、教学和教研活动（包括参加学校一般行政会议、教学科研活动），基地学校提供必要的实践锻炼机会。

(7) 基地学校校长要定期检查和过问挂职情况，发现问题要及时指导和纠正，确保挂职取得实效。指定一名副校长负责对挂职校长进行考勤。挂职校长如有特殊情况确需请假，少于三天的，由基地学校校长负责签批。

(8) 挂职结束前一周，基地学校要对挂职校长进行考评并做出书面鉴定（须说明出勤情况）。同时填写“挂职锻炼学员鉴定表”中一式三份（基地学校校长签名、盖章），由基地学校负责报送省中小学校长培训中心（广东第二师范学院培训处）。

（9）基地学校根据本校财力可酌情给来自欠发达地区的挂职校长予以适当的补助。

五、省中小学校长培训中心职责

（1）对各市选派的挂职校长进行条件审核，对符合条件的校长发出挂职通知。

（2）对挂职校长进行动员和培训，帮助挂职校长明确挂职任务。

（3）负责指定各小组召集人，确定集中交流日期，并派人参加各小组交流活动，给予指导。

（4）挂职期间对挂职校长进行必要的跟踪指导，帮助解决遇到的一些实际问题。

（5）对挂职校长进行考勤检查。

（6）对挂职校长进行考核鉴定，在"挂职锻炼学员鉴定表"中加注意见和加盖印章。

（7）组织专家对校长的总结和论文进行评审，向合格者颁发结业证书。

附表：

表1：2010年广东省中小学校长挂职锻炼安排表（分组名单，挂职学校及指导老师，略）

表2：挂职锻炼主要日程

时　间	内　容
10月12日	报到
10月13—14日	集中培训；召开挂职锻炼动员会；学员赴挂职学校
10月下旬	各组召集人组织中期交流，指导老师点评指导
11月12前	完成挂职总结写作、填写考核表等任务
11月12日	挂职锻炼结束，返回广东第二师范学院，召开交流总结会
11月14—21日	省外教育考察

表3：挂职锻炼学员鉴定表

姓　　名		工作单位	
挂职学校			
培训期限	年　　月　　日至　　年　　月　　日		
学员自我鉴定 （包括参与培训活动情况、收获与体会等） 学员签字：　　　　　　　　年　　月　　日			
挂职学校鉴定意见 学员出勤情况： 学员表现（包括学习态度、纪律、对学员表现的满意度、培训期间的不足等）： 挂职学校校长签名：　　　　　　　　挂职学校（盖公章） 年　　月　　日			
省中小学校长培训中心鉴定意见 学员表现（包括集中培训、总结交流等过程中的表现）： 综合评价意见：□优秀　□良好　□合格　□不合格 是否同意结业： （盖公章） 年　　月　　日			

注：(1) 挂职校长填写第一栏（可另附页）。基地学校填写完毕后，寄送省中小学校长培训中心。(2) 此表可在广东省中小学校长网下载，一式三份，省中小学校长培训中心、挂职学校、挂职校长所在地的教育行政部门各存一份。

表4：挂职锻炼日志表（模板）

姓　名		日期	年　　月　　日
主持人		活动地点	
主要内容：			
收获与体会：			

表5：挂职锻炼学员信息反馈表

姓　名		工作单位
挂职学校		
挂职时间	年　　月　　日至　　年　　月　　日	
对基地学校提供工作/生活条件情况		
对挂职校长培训的指导情况		
对挂职基地单位的总体评价		

第二节　实施阶段

一、进行理论培训

在跟岗学习前，安排理论学习，主要目的是提高跟岗学习的有效性。跟岗学习安排理论学习，这也是作为培训部门与其他部门组织的挂职锻炼的优势所在。在以往教育行政部门组织的校长挂职锻炼中，由于缺乏充分的理论准备和总结阶段的提升，导致这种实践导向的学习方式不能完全发挥其功能。

理论学习的主要目的包括：

（1）明确跟岗学习的目的和跟岗学习的研究问题，为跟岗学习作准备；

（2）了解区域教育的发展情况，跟岗学习学校的办学特色；

（3）明确跟岗学习的学校观察方法；

（4）明确跟岗学习的过程、工作安排、工作要求；

（5）形成学习共同体；

（6）制订个人研修方案。

【案例 1】

江苏省2010年教育部—中国移动影子培训的理论培训，课程有：江苏基础教育优质发展、江苏学校内涵发展与特色建设、校长课程领导力、跟岗学习的理论与实践。先后邀请教育厅主管基础教育的领导、江苏省干训中心教授、中小学校长主讲。通过集中培训，使学员既从宏观上了解整个江苏基础教育发展情况，又加深了对江苏学校教学与管理的感受，同时提出跟岗学习的目的要求。要求包括：所有参训校长遵循学校作息时间，与影子学校领导班子成员一样参加例会及日常管理活动；要求校长每天听课，参加学校组织的集体活动，做好笔记，写好日志；与影子学校校长每天交流一次，对江苏的学校“提意见”，达到互帮互学、共同提高的目的。

【案例2】

上海市2010年教育部—中国移动影子培训的理论培训，课程有：教育综合改革试验区与教育现代化发展、学校管理创新与新领导观、学校规划与自主发展、校长的课程领导力等。

【案例3】

浙江省在2010年教育部—中国移动影子培训的理论培训期间，设计了三个板块的活动，让学员互相学习，明确使命与责任，提升管理理念，拓宽管理视野。第一，为消除学员陌生感，迅速拉近学员之间的距离，采取有趣的互动式认识活动，通过游戏活动激活学员之间的亲密接触，在轻松随意中熟悉彼此，让所有学员融入班级。第二，西部校长到东部来，以什么样的心态而来，抱什么使命而来，如何学有所得？这是影子校长培训必须解决的问题。集中培训的第二板块是“西部校长的角色转变和使命”，是以小组互动、集体讨论的活动方式进行，互动方式灵活，教授点拨到位。第三，感悟企业，拓宽视野。参观中国移动10086客服中心、网络维护中心，零距离地接触企业，让学员充分体验中国移动人性化管理理念、充满活力的企业风貌、臻于至善的服务文化及先进的网络维护运营的管理手段。

二、落实跟岗过程

（一）全方位感知、深度体验学校

以研究问题为主线，通过交流、讲座、访谈、听课、校本教研活动等，全方位接触与感悟基地学校，学习基地学校的经验。全方位感知、深度体验学校，就是我们通常讲的“要跟透一所学校”。

全方位感知学校，包括：校长及分管领导的交流，了解校长的办学思想及学校各分管领导的教育思想与管理思想；深入学校教学、后勤、德育部门、年级组、教研组等部门，了解学校管理的运作和执行力；深入班级、课堂，与广大师生面对面交流；参加学校各种会议，包括校长办公会、学校中层会议、班主任经验交流会、研究成果交流研讨会、家长会、学生主题班会、学生升旗仪式等，全方位感受学校各项工作；主要的目的是观察校长办学思想能否体现在学校的各个方面，如何体现在学校的各个方面，学校办学目标是否在学校发展中发挥作用。

深度体验学校，主要是抓住学校办学的某些方面，进行深入细致的观察和调研。这里的“某些方面”，可能是跟岗学习校长所要研究的问题，也可能是这所学校最突出的亮点。对这些问题的深入研究，对参加跟岗学习的校长来说收获最大。

全方位感知、深度体验学校，不仅取决于跟岗学员的学习状态，也和基地学校能否向参加跟岗学习的校长全方位开放密切相关。

【案例】

福州一中2010年“影子培训”方案实施安排表①

日期	内容	议　程	负责单位	地点
11月6日周六	报到	影子校长到达福建省教育学院	省教育学院	省教院盛德楼
11月7日周日	训前辅导	8：20我校领导参加合影、开班式	省教育学院	省教院操场、盛德楼八楼
11月8日周一	训前辅导	16：00我校领导与影子校长讨论研修方案	省教育学院	省教院会议室

① 资料来源：《教育部—中国移动小学校长培训项目》2010年度福建省“影子培训项目总结”

（续表）

日期	内容	议　程	负责单位	地点
11月9日 周二	一中 培训	8：00 我校派车到达省教院接影子校长来校 8：30 安排食宿、办公场所，参观一中高中部 10：00 李迅校长致欢迎辞、介绍我校总体情况 18：00 欢迎晚宴	一中	省教院校门口 一中新校区
11月10日 周三	一中 培训	9：00 办公室与影子校长汇报交流 12：00 考察学生社团活动 14：30 参加高二学生通用技术课程	一中	高中部 第四会议室
11月11日 周四	一中 培训	9：00 德育处与影子校长汇报交流 12：00 考察学生社团活动 15：00 教务处与影子校长汇报交流	一中	高中部 第四会议室
11月12日 周五	一中 培训	9：00 总务处与影子校长汇报交流 15：00 与高三年段交流高考复习计划 16：40 参加党政工联席扩大会议	一中	高中部 第四会议室
11月13日 周六	泉州 考察	8：00 前将六位影子校长送达省教育学院大门口，教育学院组织前往泉州师范附小考察。	泉州师范附属小学	省教院校门口 泉州、厦门

（续表）

日期	内容	议　程	负责单位	地点
11月14日 周日	厦门 考察	考察厦门莲花中学、实验小学，返回福州。晚宴后由省教院将影子校长送达我校	厦门莲花中学、实小	厦门
11月15日 周一	一中 培训	7：50影子校长参加教学公开周活动 10：00参加校长办公会议 14：30向教育学院干训处杨处长汇报培训情况	一中	
11月16日 周二	一中 培训	影子校长参加教学公开周活动	一中	
11月17日 周三	一中 培训	赴霞浦嵛山岛观赏海景	一中	霞浦
11月18日 周四	培训 总结	9：00李迅校长与影子校长做总结交谈 11：30前我校派车将影子校长送达省教院	一中 省教育学院	一中 省教育学院
11月19日 周五	总结 汇报	影子校长交流培训总结	省教育学院	省教育学院
11月20日 周六	欢送	8：00我校领导欢送影子校长返程	省教育学院	省教育学院

（二）专家指导

组织专家进行检查指导，对提高跟岗学习质量具有重要意义。第一，指导基地学校落实培训方案；第二，指导参训学员进行交流，分享阶段性收获；第三，了解学员对跟岗学习的意见和建议，及时调整相关内容。

第三节　总结阶段

一、学员总结

参训学员要进行个人总结，写出总结报告。一般来说，要求总结报告要结合自己的所观、所闻，反思自己的校长职业生涯和学校实际，提出学校发展和自我提高的策略思路。其形式包括：跟岗日志（或随笔）、学校发展现状诊断报告、学校管理改进计划、专题总结或论文。

学员参加跟岗学习，所写的总结形式多样。在本书中，我们将选择中山市东升高级中学谢柏芳校长和番禺实验小学柯中明校长的跟岗随笔，广东省中小学校长省内跟岗总结和广东省中英合作项目的校长跟岗总结作为典型案例。详见本书的第5—8章。

二、实践基地学校总结

基地学校对跟岗学习的全过程进行总结，目的是对此项工作的过程进行反思，以提高此项工作质量。

【案例】

植基为范 盛德为师 培训有责 指导用心

——福州一中学习小组总结（节选）[①]

2010年11月，有幸作为“2010年教育部—中国移动中小学校长培训项目影子培训福建培训班”的学员，我们一行六位西部高中校长参加了由福建教育学院承办、福州一中为基地学校的学习提高和跟岗

① 资料来源：《教育部——中国移动中小学校长培训项目》2010年度福建省“影子校长”培训项目培训总结

培训。在为期13天（11月7—19日）的培训时段，我们通过集中学习、考察参观、跟岗实践和交流提高等活动，顺利地完成了此次培训任务，收获很多！

借此机会，我们福州一中全体学员，再次向教育部、福建教育学院、中国移动福建有限公司和福州一中表达我们真诚的感谢，感谢教育部、中国移动给我们各位西部校长搭建学习提高的平台，感谢福建教育学院的精心组织和理论培训，感谢福州一中的真诚交流和用心指导。

福州一中是福建省教育厅唯一一所直属重点高中，是中国名校，以建校历史悠久、办学效益卓著、学校管理科学、学生素质全面、校友英才辈出而享誉中外，长期以来一直是福建基础教育的一面旗帜。有机会用一周多的时间全面了解这所名校，并融入其中，如影随行，我们受益非浅，快乐充实。

在福州一中学习期间，我们严格遵守学院的培训要求，执行学校的培训计划，按时上下班，积极发挥主观能动性，认真听、实地看、用心问、主动参与、及时跟进、适时交流。这期间我们多次与基地校李迅校长面对面交流，参加了李迅校长亲自主持的校领导班子与影子校长的沟通交流座谈会四次，参加了李迅校长亲自主持的校长办公扩大会议一次、校党政工团联席会议一次，参加了李迅校长安排的办公室、德育处、教务处、总务处“三处一室”工作汇报和现场办公会议四次，参加了高三年级“年段工作交流会”一次，到福州大学参观了福州一中共享高校场地开设通用技术实践课的现场，参加了福建师范大学在福州一中专场音乐演出、集中听课两天等活动。这期间，我们小组在影子校长之间进行了结合西部学校各自的实际特点和考察学习心得交流三次。下面，我代表福州一中小组，将学员感受较深、学能所用的四方面共识汇报如下，与大家交流，希望对各位有所启迪。

（一）基地学校精心安排，真诚交流、用心指导

作为基地校，福州一中从领导到部门，从教师到学生都很重视和

支持“影子校长培训”项目，小到办公地点、食宿安排，大到活动参与、列席校长办公会议，都由学校办公室直接计划和安排，各部门精心准备和接待，各种信息和资料都向我们开放，很好地体现了“影子校长培训”项目的精神和要求，体现了基地校的责任和义务。

细节一：李迅校长通过两次办公扩大会议，结合演示文稿亲自向学校中层领导介绍我们6位影子校长，并在校党政工团联席会上，用第一项议程安排我们4位代表，分别介绍西藏、云南、内蒙、宁夏等西部教育现状和所在学校的特点，体现了双向交流的培训理念和责任。尤其是在14日晚上，学校举办高雅艺术进校园——福建师范大学交响乐团福州一中专场演出会上，李迅校长不但安排我们坐在前台看节目，而且在演出结束后专门将我们请上演出台，向全校师生一一介绍和推介，着实让我们西部校长体验到福中的开放、大气和“海纳百川”的福州精神。

细节二：当学校得知学员内有一位回族校长时，专门购置了一套餐具、炒锅、碗筷、刀勺以及案板，并专人负责备餐和洗涤。

这些细节令人感动、感激和敬佩！在学校交流会上我用一句对联表达了我们学员的心情：“植基为范，盛德为师；培训有责，指导用心。”

（二）校长学识渊博、管理民主、独具魅力

通过和李迅校长座谈交流，通过教师学生对他的评价访谈，通过校长办公会议和现场处理问题等，我们大家对李迅校长的学识水平、管理理念、办事风范和人格魅力有所了解，他的身上充分体现了学校所倡导的“三牧理念”，即“道德、谦逊和多样化”。这也使我们影子校长对比自己，感知要进一步学习和提高自己的管理能力和专业水平。

细节一：在李迅校长主持的办公会上，会议气氛好，处理事物简洁明了，班子成员之间平等交流，很和谐。李迅校长对学校班子成员的特点很了解，善于当众表扬和激励，也善于分配和协调工作。他在会上有三句话对我们很有启发，第一句是："班子成员之间要互相补台，而不是互相拆台"；第二句是："中层领导的胸襟是靠委屈撑大的"；第三句是："我们实行的是中层领导下的校长负责制"。由此可见一斑。

细节二：在学校党政工团联席扩大会议上，他专门安排一段时间给每位领导发了一本新书《虚拟技术和云计算》，并进行介绍。这是一本高深莫测，且很前沿的书。它使我们对李迅校长的学识和见解，以及对福州一中办国内一流、国际知名学校的目标有所感悟。我们常说"要给学生一碗水，自己必须有一桶水"，现在大家都知道这样说还不够，教师得有常流水。这怎么办？只有继续学习，学校班子、教师队伍必须是学习型组织。我们西部薄弱校就更应该做好教师素质的提高和业务能力的培养，这是每一个校长的职责。

细节三：18 日早晨李迅校长来送我们，在 9—11 点两个小时内，他结合自己的经历，就"一个好校长和一所好学校"、"学校人、财、物的关系"两个话题，介绍了许多宝贵的个人经验，也谈了一些独到的见解，开诚布公，对我们启发很大，也让我们颇为感动。

引用李校长的几句话说一点学习体会。第一句是"一所好学校一定有一个好校长，但一个好校长未必会有一所好学校"，他让我们认识到办好一所好学校，有许多制约因素要把握和处理好，比如主管你和学校的政府领导，比如本校的生源基础，比如学校办学的价值观等。第二句是"犯上不做乱，胆大不妄为"，校长要有个性，更要有专业，像大学校长一样争做有专业的校长（他每天第一节都去上课，以为和学生一起，那是一件开心的事）。要善于继承和创新制度，但不能自己随意破坏制度，要争取政府的大力支持，就必须把学校教育教学质量搞上去。第三句是"家里要把'孝'摆在第一位，学校要把教师摆在第一位"，一个好校长要关注教师、保护教师和发展教师，他举了很多生动的事例，尤其是对年轻教师和老同志的态度和做法，要"视野开阔，心就不会小"，铁打的营盘流水的兵，不能把营盘搞垮了。

（三）学校办学理念独特、彰显个性、文化育人

悠久的历史和历代师生的不懈追求使福州一中形成了鲜明的个性和特色。学校以“植基立本，成德达材”为校训，以“为天下人谋永福”为办学宗旨，以“心术端正，文行交修，博通时务，讲求实用”为育人目标，以“基础扎实，素质全面，志向高远，风仪端朴”为学子风范，历久形成“勤奋、严谨、竞取、活跃”的优良校风，教风以“严、实、细、活”著称。

看点一：学校能充分挖掘自身历史文化底蕴，将百年校史、英才校友和新时代、新课程的要求有机结合，形成学校育人宗旨的八大支柱，即“国家责任、独立人格、学会学习、健体怡情、服务意识、国际视野、实践能力、自力自治”，使空洞的理论教条更加具体，更加人本化。校园内处处体现了文化育人的特点，“鸣阳山”、“凤凰池”、“三牧之光文化墙”，让学生与名人为伴，与伟人相守，寓教育于潜移默化中。为了使学生能全面了解学校和激发主人公意识，学校德育处汇总成书《学生手册》，并让高一新生进行通读学习。

看点二：校园绿化独具魅力。学校在办学经费有亏缺的情况下，仍斥巨资绿化校园，经过6年的持续努力，新校区树木葱茏、花团锦簇，且品种优良，学校后山犹如一座小型植物园，布局合理、结构优化、功能完善的楼群掩映其中。学校在很多树下都立石介绍，不出校门就能学到很多的植物知识和人文内涵。在这样的环境中学习和生活，人怎能不向上、向善、向美？

有感于此，我给学校赠言道：“校园有树郁葱茏，后山有凤鸣朝阳！”美化、亮化、绿化我们自己的学校，当是我们必须花财力、花精力努力操办之事。

（四）高中新课程开设齐全、认真落实、模式创新

我们影子校长所在的地区都已经进入高中新课程实验阶段，其中宁夏从2004年第一批进入实验，几年来高中新课程实验有过困惑，也走过弯路，取得了一些成绩。但这次到福州一中，我们还是眼前一

亮，学校的一些做法和实践对我们启发很大。

看点一：基于校本教材的选修课开设良好。学校校本教材现有四大类23门之多，每周二下午两节课为高一、高二年级选修课时间，周五下午两节课为研究性学习时间，学生根据自己选修的课程到不同场所去学习，选修课有教材（含校本教材）、有地点、有教师，有的班人多，有的班人少，充分尊重了学生个人所求和个性发展，切实落实了新课程的要求和精神。

看点二：通用技术课教学模式创新。高中通用技术课对硬件条件要求很高，但由于学校办学条件的限制，有很多学校不能开设，或开设了也成为可上可不上的副课。福州一中同样在硬件方面没有达到要求，但他们与福州大学工程技术系联合，借用福大实践基地，让学生用三天半的时间集中动手操作。学生积极参与、活动有序，不但得到了实践，也让学生对高一级学校有所了解和追求，这是一种很好的办学理念和实践思路。

看点三：师生课堂教学活动高效和谐。通过听课我们发现，福州一中的课堂很轻松，很和谐。学生没有统一的校服，但穿着大方得体；学生课堂喝水自如，但听课认真配合；教师态度和蔼互动有序，学生表情愉悦积极参与。课堂上充分体现了学生为主、教师为导的新课程理念。大部分老师课堂调控能力较强，自身业务素质较高，教育技术应用恰当，突出教法和学法，思维导图、电子表格、几何画板等教学软件的应用很突出，这些使得课堂教学简洁而高效。提高课堂教学实效，是提高学校教学质量最有效的途径，也是最根本的途径，如何在弱校促进课堂教学质量提高，应是我们改进学校工作的一个重点。

看点四：德育教育寓社会实践中。福州一中除了传统的军训、社区活动、工厂参观等社会实践外，非常重要的一项活动是为期一周的山区农村实践。福州一中的孩子，尤其是福州城的孩子，可谓天之骄子，享受着福建省属重点高中最优质的教育资源。通过这样的实践，他们的见识、认识、思想必定会发生可喜的变化，这是学校落实“国家责任”最好的体现之一。我看到福州一中高二学生陈露晗同学写的一篇社会实践体会，叫《连城梦觉岛上人》，小作者被连城的农村现状所触动，被勤劳善良的农民所感染，被乡村落后的教育环境所震颤。短短的一次实践引发了小作者对“贫穷和富庶”的深刻思考，以及对“先富与后富”独特的见解。我读此文都感动，何需课堂费口舌？给学生创造社会实践的机会，搭建社会实践的平台，让德育在真实的活动和情境中“润物细无声”。

看点五：学生社团活动丰富多彩。现今的高中生生理成熟提早，个性鲜明，接受新知识快，他们已不满足传统的课外活动和兴趣小组，他们想自主开展活动，他们想张扬个性。福州一中以社团形式来组织活动和促进学生个性发展，是非常前沿的做法。

在我们学习期间，学校正活跃着科普宣传活动、“十大歌星”海选活动、京剧表演与欣赏活动、年段篮球比赛、茶文化漫谈等。课余时间，整个校园洋溢着青春活力和快乐时光，我们能切身感受到学生的愉悦和上进。

福州一中，一所值得我们花很多时间来学习、来研究的名校，她有太多太细致的制度文化、课程文化、校园文化等让我们去继承和发扬，她有很好很先进的办学思想、教学实践、交流方式等让我们去学习和创新。希望我们影子校长通过短暂的学习、交流和反思，能带动所在学校的发展和提升，能促进当地教育革新和变化。

西部基础教育路漫漫其修远兮，影子校长当迎着朝阳有所作为，“视野要开阔，心就不会小”，我们不能做色调单一、形象灰暗的只有轮廓的校长，而是要做多彩多姿，形象丰满的、思想成熟的、办学有成就的西部校长。

三、培训机构总结

培训基地要及时进行效果反馈，通过问卷，调查理论培训及跟岗学习的效果。

【案例】

精心策划 严密组织 发挥优势 提升质量[①]

按照教育部有关“教育部—中国移动校长影子培训项目”的要求，广东省中小学校长培训中心受省教育厅委托，承担了“教育部—中国移动校长影子培训项目”。10月18—30日，来自中西部6省共52位中小学校长在广东教育学院和广东省10所教育部授予的基地学校接受了影子培训。

广东省中小学校长培训中心按照教育部下发的《影子培训手册》中的规定，严格执行研修目标和研修方案，通过集中培训、基地研修、总结交流等形式，圆满完成了这次培训任务。整个培训体现了如下特点：第一，高度重视，精心策划；第二，组织严谨，实施有序；第三，发挥优势，提升质量；第四，效果明显，受到赞誉；第五，多方合作，形成合力。

一、高度重视，精心策划

广东省“教育部—中国移动校长影子培训项目”从启动开始，就受到了有关领导的高度重视。为使启动仪式圆满举办，省中小学校长培训中心制订了详细的实施方案，组织专人跟进，并积极争取中国移动广东分公司的大力协助，周密部署启动会的相关事宜。省教育厅继续教育指导中心谢小胜主任，广东第二师范学院张路副院长和基地学校校长等出席了项目启动会。

为保证集中培训阶段理论学习的质量，省中小学校长培训中心在全省范围内组织著名专家担任主讲，并对专家的讲课内容严格把关，使内容具有针对性、实效性。在基地研修阶段，广东省教育厅教师继续教育指导中心谢小胜主任、李银德科长、省中小学校长培训中心龚孝华副主任曾多次到基地学校进行现场考察，指导基地学校开展影子培训工作。为确保培训的实效性，承担具体培训任务的广东教育学院

① 资料来源：广东省“教育部—中国移动校长影子培训项目”2010年总结

认真组织学员总结交流，并派专家跟踪指导。

培训结束后，省中心举行了隆重的总结大会，省教育厅继续教育指导中心谢小胜主任、李银德科长、曾小龙副院长等领导出席了总结会，并向学员颁发了结业证书。

广东省中小学校长培训中心十分重视对学员的考核，考核合格者颁发结业证书，因此学员对通过努力学习获得的结业证书非常珍惜，认为这种严格的考核体现了培训的价值。

为做好本次项目，广东省中小学校长培训中心多次召开相关会议，精心策划，中国移动公司广东分公司也派出专门的广告公司参与项目策划，推动项目开展。除此之外，省中心、中国移动公司广东分公司分别指派专人负责此项目开展，做到责任明确，分工清楚。各地学校十分重视项目开展，越秀区清水濠小学、东莞石龙第三中学等都制订了较为详细的影子培训计划，精心组织开展影子项目。

二、组织严谨，实施有序

按照教育部“教育部—中国移动校长影子培训项目”的要求，培训过程中，立足基地学校的经验与特色，紧密结合自己学校的实际情况，确定研修的重点内容和观察思考的主要角度。在短短十三天的培训中，既有教育专家的理论引领，又有专家校长近距离的贴身指导，更有参培校长朝夕相处的思想碰撞。这种提供“差异化”的学校管理环境的培训模式，极大地激发了参与者的主动性。

（1）10月18—19日，集中在广东教育学院进行理论学习。龚孝华教授的《学校文化建设》、周峰教授的《提高课堂教学有效性的策略》、肖建彬教授的《广东省中长期教育改革和发展规划纲要》等专题报告深入浅出，观点新颖，都给了学员较深的印象，受到学员欢迎。

（2）10月20—29日，学员在10所基地学校进行实践学习。主要采取了以下学习形式：

①多向的交流。与分管校长交流，与年级领导小组交流，与中青年教师交流，与班主任交流，与社团管理交流，与后勤管理交流；

②丰富的活动。参与年级组活动，参与学科组活动，参与学校科技艺术节活动，参与校务活动；

③深入课堂听课；

④开展专题研讨。主要开展了教师的评价、考核措施研讨，如何实现“让每位学生都体验成功”，学校的班主任工作怎样做，高考的备考策略，如何实施新课程等专题研讨活动；

⑤查阅资料和参观相关学校；

⑥中途安排影子项目指导老师到基地学校对学员进行指导。

（3）10月29日总结交流，分小组在专家引领下进行了认真交流与讨论，并要求学员撰写研修报告。

（4）10月30日基地研修结束，返回广东第二师范学院，召开交流总结会。

三、发挥优势，提升质量

广东省是较早开展此类培训项目的省份，我们一般称在省内的培训为“挂职锻炼”，省外的为“跟岗学习”，与影子培训称呼不同，但实质相同。从2005年以来，我省在“珠三角”地区遴选了72所省、市一级学校作为省中小学校长培训实践锻炼基地，每年选派中小学校长到上述基地学校开展挂职锻炼。从2007年开始，我省又选送校长赴江苏、上海、湖北等地跟岗学习培训，迄今为止，我们共选派了500多名校长参加省内、省外的挂职锻炼和跟岗学习，受到校长的普遍欢迎，目前这种模式已成为广东省中小学校长培训的一个品牌项目。这一做法受到教育部的充分肯定。2009年6月，国家教育行政学院受教育部委托，专门派5位专家来粤考察中小学校长挂职锻炼的做法和成效，为影子培训也提供了很好的借鉴。

可以说，广东省在这方面的探索走在了全国前列，已积累了较为丰富的影子培训经验，经过不断总结、改进、完善，如今从培训组织、培训内容到过程管理、总结交流都日臻成熟，为做好影子培训打下了良好的基础。在接到影子培训任务后，广东省发挥资源优势、师资优势、经验优势，对原来的做法进一步改进，对培训形式进一步完善，对培训内容进一步调整，派出对这一项目有经验的工作人员精心组织，通过此次培训不仅使学员感到满意，而且达到了再次提升操作这一项目的水平的目的。

四、效果明显，受到赞誉

由于在各个环节的精心组织，学员普遍反映受益匪浅。

(1) 培训内容明确，效果显著。在整个培训过程中校长们通过参观基地学校校园，了解了学校的校园文化的构建思路和发展；通过与基地校长沟通，明白了学校的办学理念和教育思想；通过听学校各科教师随堂课，了解了学校教师的教学思想和精神风貌；通过与行政对话，明确了学校的教育管理的工作流程；通过参观学校课外活动的开展情况，了解了以生为本的教育理念；通过参观学校的文体活动的特色训练，理解学校把技艺作为文化来发掘的思想精髓。

(2) 进一步厘清了学员的办学思路。正如校长代表总结所说，通过这次实践锻炼的学习，使我们对“校长”这一名词有了新的认识，使我们的办学理念、教学管理、领导艺术等方面都有了实质性的提高；使我们进一步懂得如何去做好一名校长，懂得如何实现校长的价值，懂得如何去经营好一所学校，为今后的工作开拓了新的思路。许多校长利用这次机会，一方面用心观察、学习，积极地思考、领悟，一方面更能静下心来，对自己以前的工作进行反思，在对基地学校学习中，更好地思考如何开展本校的工作。

(3) 开拓了校长培训新的领域和方式。这种培训方式注重理论与实践的紧密结合，更突显了“实践”的特色，为校长们提供了更多的机会走出原来工作生活的狭小空间，开阔视野，开拓思路，获取更多新的信息和知识，从而使他们有更多新的思考和认识。另外，虽然各小组成员均来自不同省份，但由于怀着相同的学习需要，拥有同类的工作环境，因此使得他们之间可以不设防地交流、探讨，可以在不断的沟通碰撞过程中来找到自身的弱点，找到学校中存在的问题，明晰解决问题的办法。培训结束后有校长反映时间还不够长，这也说明深入地了解一种新的学校管理模式以及办学理念，确实需要类似的长时间的投入，才能达到一定的效果。

(4) 对促进我国基础教育工作，尤其是欠发达地区的学校管理和发展，必将会起到深远的影响。教育发展的不均衡，是经济发展的一个不可避免的现象，如何尽量缩小这个差距，是每个关心教育发展的人都在思考的问题。这种差距往往不仅表现在教育投入的多少上，更重要的是还表现在教育工作者尤其是校长们的教育理念和管理方法上。参加实践锻炼的校长们都认为经济上的差距虽无法在短时间内逆转，但经济的贫困不能掩饰思想的懒惰和行动的缺乏，物质的丰厚也不能收获精神的崇高和事业的丰收，只有拥有事业心的人才能拥有阳光的生活和精彩纷呈的人生。他们也表示会将自己这两个星期来所学到的先进的办学方法、理念等带回自己本地区，结合本地区的实际，必将对本学校乃至本地区基础教育的发展产生积极的影响。

五、多方合作，形成合力

之所以能很好地完成影子培训，主要在于各级教育行政部门的支持与配合，参加锻炼的校长的积极参与，基地学校的大力支持，多方合作是本次培训取得成效的重要保障。

广东省教育厅对影子培训项目十分关注，省教师继续教育指导中心下达了许多指导性意见，明确了影子培训的目的、形式和具体做法，有关领导还在校长跟岗十多天的时候到基地学校看望大家，了解校长们学习生活情况，及时解决出现的问题。

中国移动广东分公司也积极践行“正德厚生、臻于至善”的企业理念，对培训活动给予多方支持，特别是教育信息化的应用，在远程培训和实时交流中发挥重要的作用，也为中西部的教育信息化开展起到良好的示范效应。

各市县基地学校所在的教育局也非常重视，对基地学校的接待工作非常关心，如江门市教育局的有关负责人都到基地学校看望挂职校长。可以说，此次实践锻炼的成功，是与他们的大力支持分不开的。

各基地学校想方设法为来学习的校长提供尽可能好的工作、生活条件，在影子校长到达后，基地学校指派专门的校领导带他们熟悉学校情况，毫无保留地向影子校长展示自己学校的设施设备、办学经验等，邀请他们参加本校的各项活动。

存在问题及建议

虽然此项目开展已经取得诸多成绩，但也存在着一些问题，例如中西部校长来粤由于在地域、文化等方面的差异，加之培训时间较短，使得在磨合上还有不尽人意之处。在具体操作中，也有许多问题需要反思：第一，组织工作量太大，希望西部培训机构能够帮助做一些工作。第二，对于在学校挂职时间校长们有不同意见，有的校长建议挂职时间安排上希望更长，有一个月更好；有的建议可以安排一段时间到外地学习考察，以更好地拓宽视野。第三，挂职校长们建议在培训结束后，能与基地学校建立起长期合作互助的关系，今后在条件允许的情况下可派自己学校的教师进行跟岗学习。第四，培训费用下达时间滞后，也在一定程度上影响了部分学校的项目开展等。

六、扩大跟岗效应

通过互访、研究共同体、友好学校等方式，建立良好的联系沟通机制，促进长期发展。以下这篇案例虽然来自教师跟岗学习，但是其中结成共同体，进行后期结对帮扶等，都进一步扩大了跟岗学习的效应。

第三章

跟岗学习的视角：学校文化

第一节　选择文化视角的合理性

国学大师钱穆说过，一切问题，由文化问题产生；一切问题，由文化问题解决。跟岗学习，我们需要选择学习和观察学校的视角。从学校文化的视角，观察学校，体验学校，具有合理性。

一、学校即文化

解读一所学校，就应该体验它的文化。陶行知先生对学校下了这样一个定义：学校是以文化传承文化，以文化滋养文化，以文化创新文化，以文化践行文化的社会组织。并提出：学校能够造文化，文化能够造人，人能够造国家。

二、好校长的境界体现在其文化品质

学习校长的办学境界，最重要的是学习其文化品质。好的校长要有两个境界：一是带出一所好学校，就是我们经常讲的“有一个好校长就有一所好学校”，这就是把正确的办学理念融入到教育教学的各

个环节，使校长的作用现实地体现出来。二是构建好学校文化，继往开来，对已有的校风、教风和优良传统不断发扬光大，“一个好校长走了，还是一所好学校”，使校长的作用长远地体现出来。

三、学校文化是学校的“综合个性”

学校文化是一所学校在长期的教育实践中积淀和创造出来的，并为其成员认同和遵循的价值观念体系、行为规范准则和物化环境风貌的一种整合和结晶，它表现为学校的“综合个性”①。

学校都有其独特的文化。这里有复杂的人际关系，有整套的社会习俗，有独特的道德观念，有非理性的约束和制裁，有根据这一切制定的道德规范。这里还有博弈，有优雅的战争，有团队，有一整套经过精心设计的仪式和典礼。这里有多年的传统，因循守旧的人永远在对革新者宣战②。

第二节　学校文化的结构分析

在理解学校文化时，人们常常很困惑，感到文化建设很“软”，很难找到“抓手”。我认为，从学校文化的结构分析入手，是理解学校文化的有效“抓手”。学校文化的结构可以分为以下五种：学校价值观、学校历史与典故、学校人际关系与氛围、学校重要的仪式和典礼、学校的建筑和收藏品。其中学校价值观是学校文化的灵魂，学校的历史与典故是学校文化的根基，学校的人际关系与氛围是学校文化的重要内涵，学校的仪式和典礼是学校文化的载体，学校的建筑和收藏品是学校文化的象征。

---

① 阎德明．现代学校管理学［M］．北京：人民教育出版社，2006：3

② 迪尔．校长在塑造学校文化中的角色［M］．北京：中国青年出版社，2006：10

一、学校价值观：学校文化的灵魂

（一）学校价值观是学校文化的灵魂

所谓学校价值观，是指学校全体成员，特别是全体教师对教育根本问题的理解和把握，对教育规律的探寻以及精神上的教育信奉，主要表现为学校的核心价值观、育人目标等。对于一所学校，最重要的，是实现诸多学校目标必须遵循的若干价值原则，使一所学校所有成员于内心深处达成的“共识价值”。学校价值观在学校管理活动中，对内可以激励师生员工、凝聚合力，对外有助于树立良好的学校形象，提高学校核心竞争力。

西南联合大学的办学条件极为艰辛，却培养出众多杰出人才。美国史学教授约翰·依雷色尔说：“西南联大是中国教育史上最有意思的一所大学，在最艰苦的条件下，保存了最完好的教育方式，培养了最优秀的人才，最值得研究。”

办学条件极为艰辛，仅就教室一项就可说明其艰苦程度了。联大刚到昆明时，所有的校舍全靠租赁解决，散布于昆明各个地方：理学院在大西门外昆华农校；工学院设在拓东路上的迤西、江西、全蜀三个会馆；文、法两个学院在昆明寻不到立足之地，只好借用原海关、法国银行和希腊歌胪士大洋行等闲置的房舍，设立了分校先上起课来。一个学期以后，文、法两学院迁回昆明，商量借用昆华工校、昆华师范暂作安排，新设立的师范学院则借用昆华中学的南院和北院做校舍。此时的西南联大，还处于一种“寄人篱下”的情景之中……

培养出众多杰出人才。联大8年，前后任教的教授有朱自清、闻一多等300余人，他们都是各个学科、专业的泰斗、顶级专家。学生有8 000人，毕业生近4 000人。联大师生担任中央研究院首届院士（1949年）27人、中国科学院院士154人（学生80人）、工程院院士12人（全是学生），其中有杨振宁、李政道2人获得诺贝尔奖；赵九章、邓稼先等8人获得“两弹一星”功勋奖；黄昆、刘东生、叶笃正、吴征镒4位国家最高科学技术奖获得者；宋平、彭佩云、王汉斌等人成为国家领导人。抗战八年间，西南联大从军学生前后一共达到834人，其中不乏主动投笔从戎的热血青年，联大委员会委员、清华大学校长梅贻琦之子梅祖彦就是其中之一。除了担任翻译外，联大学生还参加了远征军和空军。在1942—1945年间，为了保证空中运输线“驼峰”航线的畅通，1 500名中美健儿血洒长空。根据记载，其中就有联大的从军学生。

西南联合大学成功的关键在于其学校价值观。《国立西南联合大学纪念碑碑文》对此作了四个方面的归结：

（1）我国家以世界之古国，居东亚之天府，本应绍汉唐之遗烈，作并世之先进，将来建国完成，必于世界历史居独特之地位。盖并世列强，虽新而不古；希腊罗马，有古而无今。惟我国家，亘古亘今，亦新亦旧，斯所谓“周虽旧邦，其命维新”者也！旷代之伟业，八年之抗战已开其规模、立其基础。今日之胜利，于我国家有旋乾转坤之功，而联合大学之使命，与抗战相终始，此其可纪念者一也。

（2）文人相轻，自古而然，昔人所言，今有同慨。三校有不同之历史，各异之学风，八年之久，合作无间，同无妨异，异不害同，五色交辉，相得益彰，八音合奏，终和且平，此其可纪念者二也。

（3）万物并育不相害，道并行而不相悖，小德川流，大德敦化，此天地之所以为大。斯虽先民之恒言，实为民主之真谛。联合大学以其兼容并包之精神，转移社会一时之风气，内树学术自由之规模，外获民主堡垒之称号，违千夫之诺诺，作一士之谔谔，此其可纪念者三也。

（4）稽之往史，我民族若不能立足于中原、偏安江表，称曰南渡。南渡之人，未有能北返者。晋人南渡，其例一也；宋人南渡；其例二也；明人南渡，其例三也。风景不殊，晋人之深悲；还我河山，宋人之虚愿。吾人为第四次之南渡，乃能于不十年间，收恢复之全功，庚信不哀江南，杜甫喜收蓟北，此其可纪念者四也。

（二）学校价值观的核心：学生培养目标

学校核心价值观是学校作为一种以培养人为己任的社会组织的核心价值观①。培养什么人、怎样培养人，不仅是教育工作的主题，也是学校价值观的核心。

华南师大附中“以完整的现代教育塑造高素质的现代人”

“完整”——这一追求的基石是邓小平同志“面向现代化，面向世界，面向未来”的思想。在教育内容层面上，华附学校教育的内容体系，力求做到政治性、民族性、时代性和人类共同性的完整统一；在人才规格层面上，使学生在德、才、学、识诸方面都得到和谐发展，在理论素养、践行能力、心理素质和行为特征等方面获得整体发展；在办学模式层面上，摒弃以片面追求升学率、片面追求分数为特征的应试教育模式，实施以促进人的整体素质发展、提高人的综合能力为特征的素质教育；在课程体系层面上，在德、智、体、美、劳诸方面建立起一个由常规课程（包括必修课程和选修课程）、活动课程和隐性课程综合构成的课程体系；在教育方式层面上，建立起一个包括理论指导、活动熏陶和实践体验“三位一体”的教育活动体系，大力推行研究性学习。

“现代”——这又一追求的基石是“以人为本”，把现代教育的理论及其成果转换为操作系统和具体实践方式。在教育观念、理念原则方面，体现了“以学生为主体”、“以开发学生的潜能为目标”、“以促进学生的自我完善和提升为归宿”的现代意识。在课程教材建设方面，体现以科学精神为基础，以人文精神为价值方向、民族文化传统与时代精神相结合、独立学科课程与综合性课程相辅、学术性知识与非学术性知识互补的现代价值取向。在教学的组织形式、方法、

① 石中英．论学校核心价值观及其形成［J］．中小学管理，2008（10）

艺术方面，体现“丰富多样”、“生动活泼”、“优质高效”的现代特征要求。在教育技术手段、设备条件方面，创造条件改善教师的基本劳动工具，提高现代科技含量。在管理与评价方面，体现“以激励为主，以调动人的主观能动性为目标”的现代管理观念，建立多维度、多层面综合评价的方法体系。在干部、教师队伍建设方面，体现“德才兼备，一专多能”的要求，强化“基本功+创造性思维+科研能力”的现代素质。

高素质，明确了人才培养的规格，名校的“野心”就是为国家培养最优秀的人才。如何让附中学生自觉地以“附中人”的规格标准进行自我完善和提升呢？“六句话”、“八个一”赋予了“高素质”的具体内涵。

折射人才培养规格的“六大要求”——“六句话”：

“基础扎实”，为学生打好做人的基础、求知的基础和体能的基础；

“特长明显”，从社会多样性、个体独特性的角度，发现、鼓励、支持、帮助学生发展自己的个性特长。

“素质全面”，主要指思想政治道德素质、科学文化素质、劳动与职业技术素质、身体心理素质，以及审美素质、社交素质等。要求学生素质全面，不等于要求学生的素质达到较高水平，完美无缺，而是在学习和实践锻炼中形成终生受用的意识、习惯、方法、能力。

“能力多样”，它包括学习能力、生活能力、思维能力等基本范畴。

“人格健全”，培养学生对“真”、“善”、“美”的向往和追求。求真，是培养学生实事求是、坚持真理、不屈从权势、不趋炎附势等品格。求善，是培养学生珍惜生命、同情弱小，与人为善、善解人意，严于律己、宽以待人，疾恶如仇、从善如流等品德。求美，是培养学生对“志存高远，淡泊明志”的美德、“雅俗共赏，志趣高尚”的审美情趣、“健康活泼，朴素大方”的审美形象、“富于创新，追求完美”的审美理想等多方面的追求。

“适应性强”，对学习生活的适应性，对社会生活的适应性，对自然及人文环境的适应性等，成为走向世界、能够在不同自然及人文环境中生存和发展的现代人。

八项验定指标——“八个一”：

(1) 怀有一颗热爱祖国、报效祖国的红心，并养成良好的做人规范；

(2) 能讲一口流利的普通话和英语；

(3) 能写一手端庄的毛笔字和硬笔字；

(4) 有一门最喜爱的学科并学有所长，养成良好学习习惯，形成一套科学的学习方法；

(5) 掌握一门体育运动的技能，养成经常锻炼的习惯；

(6) 掌握一项乐器演奏技能，并有良好的审美修养；

(7) 熟练掌握运用实用性强的电脑技能；

(8) 练就一项劳动生活技能。

如果说，“六句话”体现的是对“附中人”素质内在的、抽象的软性要求的话，“八个一”就是对“附中人”素质外显的、具体的硬性要求；“六句话”以具体的、可以直接检验的表现形式，保证素质培养落到实处。

(三) 校长办公室的布置体现校长价值观

校长办公室的布置体现校长的价值观，让人看到校长心目中什么东西最重要。

二、历史与典故：学校文化的根基

文化凝聚力源于历史，学校历史是学校文化的根源。成功的学校会格外重视他们的过去；反过来说，这也是成功学校的一个显著标志。文化凝聚力源于历史。让所有的教职工、学生、行政管理人员以及校友在历史中感受到一种强烈的认同，同时，在历史中学到有益的东西。一个学校的文化始于该学校建立之日，并通过之后一系列主要事件、争议以及冲突逐渐成型，最后定格为文化的胜利或失败。随着人们不断解决各种各样问题，创建规范和仪式，制定传统和典礼，进一步加强及维护内在的规范、价值和信念，文化也就在这个过程中成型了。经过一段时间的发展，非正式的规定变成固定的规范和价值观。

关注学校历史，需要关注：学校建校有多长时间，建立的原因；在学校的历史中，有影响的人物；学校的核心价值观；学校历史中的重大事件；学校的前任校长、以前的教师和学生是什么样的；学校的建筑要传达什么样的信息等。

关注学校历史，最重要的是对待历史的态度。历史是重要的，没有传统就没有根基；变化是必然的，没有变化则意味着失去对于时代变迁的能力。因此，我们需要的是“温故知新”、“继往开来”；而不是“辞旧迎新”、“弃旧图新”、“破旧立新”、“吐故纳新”。

培正中学是广州百年名校之一，创办于1889年。培正建校以来，培养出大批杰出人才，培正校友遍布海内外，世界各地共有76个同学会。政界有廖承志、邹家华两位全国人大副委员长，另有加拿大的前省总督林思齐、美国的前州长吴先标等。科技界有诺贝尔奖获得者崔琦、参与研制第一颗原子弹的冼鼎昌、主持设计歼7、歼8战机的叶正大等两院院士共13位，获世界数学最高奖的丘成桐等。文学艺术界有诗人，翻译家梁宗岱，音乐家冼星海（曾任教）、马思聪，国画大师黄君璧（任教）等。体育界有前国足主教练苏永舜、跳水主教练梁伯熙等。商界等其他领域名人更是难以计数。

踏进培正校门，晨曦正透过巨伞般的古榕洒落在典雅红砖碧瓦的楼房上，洒落在静静的校园广场，由拙朴的天然岩石围拢的喷泉汩汩喷涌，旁边一群鸽子在优悠漫步。微闭双目，一股难以言传的宁静之流慢慢从身上的每个毛孔沁入，刚从都市烦嚣中奔波而来那躁动的心绪，一下子安宁下来。这也许就是百年名校润物无声的力量。也难怪，这般幽静优雅的氛围，走上一圈，便让人气定神闲，是读书修业的好地方。

培正中学最让人感动的地方，不仅仅是她的办学成就，也不仅仅因为这里有优美的环境，而是校友对母校的感情，是一种传统，是已溶入培正学子血液之中的“红蓝精神”。

红蓝精神是培正同学联结友情、团结互助的纽带。红：代表澎湃的热情，火热的心，特别是爱国、爱乡、爱校；蓝：代表冷静，周到的思考和策划，避免冲动和鲁莽。据介绍，在世界各地凡有华人集中居住的地方几乎都有培正同学会，他们可能来自粤、港、澳不同的培正学校，但培正传统是一脉相承的，红蓝天下一家亲。美国一位培正同学会会长陈荣炎先生曾讲过一个趣事：培正校友都有一条标志性的红蓝相间的斜纹领带，而在美国的几大唐人街，就凭这红蓝领带，他身上不带钱都不愁挨饿。

“一种优良的传统是无价的财富。”培正十分重视对培正传统的继承和创新。除了校庆的“薪火相传”仪式，每年初一、高一新生入学的第一件事便是参观校史室和学习校训，还举行隆重的级社成立大会，强化级社概念。平时还常邀请一些卓有成就的老校友回校讲演，讲学校的光荣传统和前辈故事。毕业之前，还举办隆重的毕业典礼，穿着整齐的毕业校袍唱《毕业歌》、校歌等歌曲，让同学牢记培正的红蓝精神，做一名善良正直、服务社会的人，常常是因为怀着对母校的眷恋，师生们说着唱着便泪流满面。

每一位毕业于培正的学子都对培正的传统精神感触颇深。旅美老校友马朝明（曾任职美国通用公司，是研制波音发动机系统的知名工程师，退休后常回国，为中国航空事业发展竭尽所能）说：“奋斗精神是书本学不到的，是培正的一种校风，从小学到中学，如流水一样，学生在自然而然中便受到熏陶。”

级社制度。从入培正校门开始，细读一段段铭文发现一个有趣的现象，许许多多的“社”捐建了校内许多建筑、景点，如校门是20世纪30年代“觉社”筹资捐建，还有“弘社”广场，“毓社”金熹亭、涌泉，"明社"雕像等，它们在这古老校园中汇成一道美丽的风景线。培正自1920年开始创立"级社"制度，每届学生从小学五年级起便成立级社，拥有社名、社徽、社旗，一直伴随学子们读完高中，走向社会。在校时，级社组织球队、剧社、乐队等课外活动，毕业后也仍然作为联络同学的机构而一直存在。

培正中学年年校庆必举行的重头戏就是"加冕、祝寿"和"薪火相传"仪式。"薪火相传"深为壮观，场面感人：每个级社选一名代表，一把熊熊燃烧的火炬从90多岁的老校友手中依次一届届传递下来，一直传到初一、小学五年级学生的手中，而从经历沧桑的大手传到稚嫩的小手中的，正代表着培正百年来引以为豪的"红蓝精神"。

一般学校的校庆只会五年、十年大搞一次，而培正的校庆近年却要年年隆重举行，资金都是校友自动捐献，不举行老校友们还不答应。每年12月的这天，都有大量校友从五湖四海归来，许多人还飞越重洋赶回来参加这场盛会，不少到了耄耋之年的老校友，离校已大半个世纪，让亲友搀扶着、推着轮椅也要回母校看一看，抚一抚这些古榕躯干，摸一摸这些旧楼的红砖。

三、人际关系与氛围：学校文化的重要内涵

学校作为教育的基层组织，学校教育的成败得失与学校教育环境中的人际关系高度相关。学校人际关系处理得好，关系和谐，学校就会"政通人和"、"校和万事兴"。

（一）倡导和谐的人际关系

关于和谐，《左传》的解释为，和：如五味的调和；谐：八音的和谐。一定要有水、火、酱、醋各种不同的材料才能调和滋味；一定要有高下、长短、急徐各种不同的声调才能使乐曲和谐。日本童谣诗人金子美铃（1903—1930）在《我和小鸟和铃铛》中做了这样的描述："虽然我展开双臂，也绝不能飞上天空，会飞的小鸟却不能像我，

在大地上奔跑。虽然我晃动身体，也不会发出美妙的声音，会响的铃却不像我，会唱许多歌谣。铃和小鸟，还有我，大家不同，大家都好。”

和谐的人际关系与良好的学校人际关系既有共同点，也有不同点。良好的学校人际关系通常指情感关系，和谐的学校人际关系是在组织关系基础上生成的人际关系。和谐的人际关系必然是一种良好的状态。在这种氛围下，大家自己管理自己，在这样一所学校中，教师能够主动工作，学生能够主动学习。

和谐的学校，应该充满正气。即人要正其位：各安其位，不越位；校要有正气：要树立一股积极向上的正气；师要正其教：教要得法；生要正其学：学生要学有所成；官要正其治：管理人员要摆正其位置，管理就是服务。

当校长最大的收获是改变了人与人之间的关系①

早在1990年，冯恩洪被国家教育部看中，拟调动他到机关工作。但冯恩洪没有去。他说：“我是一个一接触到学生，内心深处就有一种感情冲动的人。自己最怕的一件事，就是放寒暑假，校园里空荡荡的。”他直言自己“是一个感情性的人”。冯恩洪就像那些真正的优秀老师，对孩子的感情爱之尤深。他很喜欢台湾一所中学的名言：爱自己的孩子是人，爱别人的孩子是神。

冯恩洪做教师的情结是神圣的、纯洁的，为此，他赢得了做教师的最高荣誉——特级教师。

现在，他不仅是重点中学的校长，还是一个拥有包括近十所非重点学校及民办学校集团的总校长。

“面对东方世纪学校9位特级教师，41位高级教师与各学科带头人，你是怎样带领这样一个教育团队呢？”笔者问他。冯恩洪的回答出人意料，他说：“我做了十八年校长，最大的收获是改变了人与人

① 资料来源：http：//www. crhsi. com. cn. cn

之间的关系。”他反诘：“人与人之间相处是享受呢还是难受呢？为什么要搞得知识分子在精神上这么难受呢，所谓文人相轻。他强调学校应该‘少谋人多谋事’，或者‘只谋事不谋人’。”

尊重知识分子，冯恩洪有他的理解。“他不尊重你，你也不尊重他，你和他处在同一个层次；他不尊重你，你却尊重他，你比他高出了一个层次；他不尊重你，你以诚热的胸怀感动了他，你比他高出了两个层次。”冯恩洪说：“十一届三中全会以后，邓小平理论已经形成了‘知识分子是构成社会先进生产力主体的一部分’的论断。在全社会形成尊重他人的环境中，知识分子要领先一步。”

都说中国传统的管理模式是竖式的，即一级管一级，等级森严。而冯恩洪似乎更喜欢西方式的横式管理模式。在他两米宽的“老板桌”前，没有常见的另一把椅子。他说：“我很重视非正式的人际关系。正式的人际关系，即我是校长，而他是属下。非正式的人际关系，即我们可以是朋友，用朋友关系来补充干群关系。而坐在‘老板桌’对面，让人缺少平等感觉。”在他的“老板桌”对面，放置了几组面对面的沙发。

冯恩洪强调，在“官本”和“民本”之间，他倾向于“民本”，重心向下；在“物本”和“人本”之间，他倾向于“人本”。

（二）如何形成和谐的团队

曾仕强在《中国式团队》[①] 中提出，“以人为本型的中国式团队，充实自己是成功之本，相敬如宾是相处之道，夫唱妇随是配合之法，半推半就是授权之术，皆大欢喜是沟通之妙。”

星云大师与刘长乐合著的《包容的智慧》[②] 中认为，有容——就是气度、涵养、承诺、财富。容是面子，容也是气质与度量；伏惑——

① 曾仕强．中国式团队［M］．北京：北京大学出版社，2007：9

② 星云大师，刘长乐．包容的智慧［M］．武汉：湖北人民出版社，2007

降服烦恼，开解迷惑；若水——水是一种精神，下落成瀑，腾飞入云；度己——求人不如求己，自省方能自强；变通——是一种境界，让一分山高水长，退一步海阔天空，制胜之道，不在于屈人之兵，而在于化敌为友；多元——尊重差异，与人为善，平等共生等。

卡耐基著的《人性的弱点》① 中认为，“本书的唯一目的就是帮助你如何在日常生活、商务活动与社会交往中与人打交道，并有效地影响他人；如何击败人类的生存之敌——忧虑（抱怨、仇恨），以创造一种幸福美好的人生。”卡耐基建议：第一，“不要批评、责怪或抱怨他人”。因为没有人会因别人的批评而承认自己的错误。第二，“真诚地赞赏他人”。因为人有两个最基本的需要，一是性满足，二是“希望成为重要人物”。第三，站在对方的角度考虑问题，“理解他人的需要”，如此等等。

四、仪式和典礼：学校文化的载体

仪式和典礼与文化的关系就像是电影和电影剧本的关系，是交响乐和乐谱的关系，也是舞蹈与使用其他方式无法表达出来的意境之间的关系。仪式，把普通的事件变成不普通的事件；典礼是为了庆功、传递价值观、表彰教职员工和学生的特殊贡献。我们现在比以前任何时候都需要重振仪式和典礼，将其作为我们精神发展的燃料，让我们的学校更加充满活力。通过强大的传统力量、定期举行的仪式和适宜的典礼，我们就可以恢复文化的凝聚力，把前方的道路看得更加清楚。从北京八中初一学生“中学时代的第一次铃声仪式”和高三学生“中学时代的最后一次铃声仪式”，我们可以领略这种学校文化载体的力量。

参加儿子的“中学时代的第一次铃声仪式”仪式②

9月1日，是犬子上中学的第一天，自然很重视，书包、笔墨纸

① ［美］卡耐基．人性的弱点［M］．北京：海潮出版社，2003

② 资料来源：http：//blog. sina. com. cn/dqs

砚、校服等都备齐了，万事俱备，只欠开学。8 月最后一天，返校回来的犬子递给我一纸通知，要求初一新生家长参加“中学时代第一次铃声”仪式兼家长会。

我小时候常听姥姥说一句话叫做“起早朝，赶晚集”，经历了那天清早的一系列糟心事之后，我又情不自禁地想起了她老人家的名言。有鉴于学校在 7 点 20 分前到校的要求，6 点 30 分我们一家三口准时登车，车子开出没有五十步远，小犬他爸忽然停车，说车轱辘不对呀，遂下车检查，我也跟着下车，在犬他爸的指点下我清清楚楚地看见，一个大钉子结结实实地全部扎进崭新的后轮胎里了。犬他爸说要换轮胎，我看犬子的脸都绿了，眼泪汪汪地直要放声儿，我说别管那个破轮子，咱们赶快走吧。犬他爸坚持要换，说 10 分钟就好。我揪着心做他的助手，不知道哪里来的力气，平日手无缚鸡之力的我，竟然一鼓作气把那个被扎的轮胎抱起来掀进了后备箱。车又开动了，没走几步，又停下来了。犬他爸跳下车检查前轮胎，哎呀，前胎也被人扎了个大钉子。犬他爸脸都气青了。我说这样吧，你修车，我们俩打车先走吧。犬他爸咬着牙根说，上车！

周一的二环路堵车是众所周知的，堵在西直门桥那会儿我真想长出一对翅膀飞到八中。还没有到学校，远远地就看见一队队学生正鱼贯进入操场，我推开车门催犬子快跑，还有戏。

家长们被安排在操场观礼。今天真是个大日子，不仅学校的师生都隆重参与，西城区委副书记及教育部门的官员们也光降八中。按照程序，自然是校长、主管教育的西城区委书记讲话，讲八中的光荣传统，讲八中在教书育人方面取得的斐然成绩，然后表彰了在今年高考中取得优异成绩的十名八中应届毕业生。

说起来，我可真为这些孩子高兴，他们有的是北京市高考的状元，有的是高考单科满分获得者，无一例外地被清华、北大、香港大学、香港科技大学录取。在今年高考中作文取得满分被北大录取的王娟娟同学代表十名受表彰的老生讲话，她的话充满对刚刚过去的中学时代的留恋和对老师的感恩之情，这孩子真不错，这年头知道感恩的孩子不多了。

最后，校长先生对参加活动的家长们说，他代表八中全体老师感谢家长对八中的信任，把自己心爱的孩子送到八中读书。这份信任和嘱托是他们教书育人的不竭的力量源泉。然后他对刚刚进入中学的孩子们说，从今天起，你们就是中学生了，中学是人生的起点，是青春的萌芽，是早晨八九点钟的太阳，希望你们按照八中校训努力学习全面发展……说完，他略停片刻，庄严地宣布敲响新学期第一次铃声。

清脆悦耳的铃声响起来了。

我倾听着犬子的中学时代第一次铃声，心潮起伏，感慨万千，不禁想起犬子刚生下来时皱皱巴巴的模样，想起他牙牙学语的稚态，想起他戴上红领巾时的激动，想起他小小的年纪除了学校的功课外还要奔波在奥数、英语学习班的艰辛……

音乐奏响了，校长宣布：请一年级新同学在中学时代第一次铃声里，走进教室，开始上中学时代第一堂课！

在激越的进行曲里，在家长们殷切的注视下，孩子们以班为单位排队走向教室。那一刻，我的眼睛湿润了……

每个人都有自己的中学时代的第一次铃声，但是不是每个人的中学时代第一次铃声都能够被重视，都能以如此充满青春激情和诗意情怀的仪式形式隆重地致礼。唉，八中就是八中，我似乎明白了其中的道理。犬子真是幸运儿，有这样的学校，有这样的仪式，真好啊。

“最后一次铃声”谢师恩①

近日，北京八中为学校高三毕业生举行中学时代“最后一次铃声”仪式，毕业生代表代表全校300余名毕业生为授课老师送上鲜花，表达对老师多年来辛勤教学的感谢。

---

① 资料来源：西城区人民政府网站，2009－05－26

高三合唱团演唱校歌和中学毕业歌，在歌声中，该校名誉校长龚正行宣布敲响2009届高中毕业生中学时代的最后一次铃声，伴随着悠扬的铃声，高三年级同学向老师们一一告别，很多师生相拥而泣。与高三年级毕业生一同与老师告别的还有学校少儿班即将毕业的26名学生，他们平均年龄不到14岁。

"最后一次铃声"仪式是北京八中坚持20余年的做法，旨在对即将参加高考的同学予以激励。仪式之后，高三同学将进行高考前的自主复习，大部分教师将不会再进行课堂教学。

五、建筑和收藏品：学校文化的象征

符号具有很强的文化感召力与凝聚力，它们代表了很难用言语表达的无形价值观。建筑形式能够表达一定的价值观，装饰墙面的符号和标志也有同样的作用。

在设计建筑和装饰、为学校命名、选择标志的时候，我们必须留心这些重要的符号；尤其是在学校里，符号的重要意义有可能超出你当初的想象，有些看上去似乎无关紧要的东西实际上却有可能是文化的核心内容。

学校里最常见的具有象征意义的装饰品如下：学校的使命宣言、学生作品的展示、横幅标语、过去荣誉的展示、尊重多样性的符号、奖品、奖杯和奖状、荣誉大厅、吉祥物、历史作品和收藏。

一个学校的环境和建筑能够表达出很多意义，这是因为学生和员工都会在学校度过一天中大部分时间，因此学校环境对他们具有潜移默化的影响作用。

"最中国"的学校——江苏省苏州市第十中学校园文化解读[①]

2005年11月11日上午，苏州十中西花园。

① 白宏太．"最中国"的学校——江苏省苏州市第十中学校园文化解读［J］．人民教育，2008（1）

加拿大安大略省省长道尔顿·麦根迪对采访的中国记者赞叹："这是我见过的最美的学校！"

那一天的苏州十中，朱红的校门透着无限沧桑，细雨中的草坪青翠欲滴，粉墙黛瓦掩映在金黄的银杏树下，若不是身边彬彬有礼的学生，真以为到了苏州园林。更迷人的是，校园里的每一幢建筑都承载着历史，每一块石头都蕴涵着文化，每一面墙壁都在诉说教育。

临行前，麦根迪瞪大眼睛，直视着柳袁照："我很好奇，你如此年轻，怎么能做这样一所学校的校长？"

柳袁照轻松笑答："省长先生，要知道，我只比您小一岁，可您却领导着加拿大一个重要的省份。"或许在外国人眼里，执掌这所学校的，应是资深的长者。但在这耐人寻味的问题背后，折射出的是对学校厚重文化传统的尊崇。

"名园、名校、名人"，是苏州十中百年历史最简洁的写照。在这一基点上，柳袁照寻找着传统文化与现代理念的完美结合。近年来，凡是来这里参观的人，都不吝赞美，称之为"最具中国本土化"、"最有中国古典魅力的学校"。

苏州市教育局长鲍寅初告诉记者："如今全市各学校的基本条件已经均衡，我们提倡学校要办出特色，就像苏州十中这样。"

深谙"边缘化"旨趣的柳袁照，在中国建筑与中国教育之间，找到了学校文化的定位，将灰、白、黑的城市主色调，苏州园林精致隽秀的风格，与辉煌的百年校史水乳交融。

几年前，新加坡一位教育官员来访，一边漫步校园，一边听柳袁照娓娓道来。他突然停下来说道："柳校长，你一定是这里毕业的，否则怎么会对这所学校有如此深厚的情感呢！"不错，苏州十中就是柳袁照的母校，毕业后尽管很少回来，却时常魂牵梦萦。

在柳袁照读书时，苏州十中还是全市最好的学校。最神奇的是，这座校园竟然与文学史上两部名著渊源颇深。这里曾是清代苏州织造署，曹雪芹幼年时曾来此小住，西花园里依稀有荣国府的影子。园中的瑞云峰更是北宋花石纲遗物，一看到这块千年名石，梁山好汉“智取生辰纲”的故事便跃入脑海。

母校就像是他的精神栖息地。2002 年，在教育局工作了 11 年的他决定回来，当时的一首小诗记录了他喜悦的心情：“过去的我真像一只不知疲倦的鸟/一朝醒来我突然变成了一棵树/一棵再也不走再也不盼顾再也不漂泊的树。”

但重回故地，柳袁照发现，很多地方还是老样子，校园的宣传栏和自己读书的教室都没有变。那时的学校，俨然是一副“小国寡民”的状态。柳袁照心目中有对母校的理想憧憬，他希望人们提起苏州十中，就能想到江南水乡，勾起美好的意象。

那时的柳袁照，对学校的过去知之甚少。为了让自己有底气，他钻进图书馆研读百年校史，越读越惊诧，越读越痴迷，越读越向往。1906 年，王谢长达，一位杰出女性，以过人胆识兴办女学，取名“振华”，即苏州十中前身。这里曾名流云集：蔡元培、章太炎、胡适、竺可桢、陶行知……这里曾英才辈出：费孝通、杨绛、何泽慧、李政道、彭子冈……一个强烈的愿望在他心里萌生了：把这百年历史在校园里生动再现，恢复学校的文化传统。校史让他领悟到了自己的使命：“作为校长，重要的是创造一种氛围，统一大家的认识。”柳袁照的睿智在于，他把这项形而上的文化建设，变成了生动直观的校园改造计划。

20 世纪 30 年代，曾有许多大师到校演讲。1936 年，在振华女校成立 30 周年之际，校董竺可桢深情寄语在座学子：“我希望 70 年以后，那时候振华女校已是规模大为扩充，创办人服务的精神已充满全国。”在西花园里有一幢民国建筑，原为大礼堂，曾见证着当年的学术盛况。

如今，学校依据史料和档案，参照同时期建筑，将大礼堂从建筑细节到室内摆设，一一按原貌恢复，同时被恢复的，还有学术演讲的优良传统。

在校园改造之初，柳袁照曾率领总务处全体员工，一起走进苏州的名园，揣摩门窗的图案、小径的铺设、花木的分布……他甚至认真研究了苏州的城市风格，从宏观视角考虑环境的和谐。尽管一开始，柳袁照还没有一个明确、完整的蓝图，但他很清楚："学校文化必须融入城市文化的背景中，才会有生命力。"

于是，在人们热衷于"创新"时，柳袁照却在考虑"修旧如旧"。位于校园中部的"时璋楼"，原本是一栋样式简陋的教学楼，有人主张拆除。但他觉得，每一座建筑都代表着一段历史。他请人对楼的外立面进行改造，用料只是简单的青砖、灰瓦和石灰，再加上风火墙和雕花栏杆，呈现出了古色古香的风貌。

"你哪来这么多绝妙的主意?"面对记者的疑问，他笑道："我喜欢读画，家里古今中外的画册有很多。一幅名画，我可能说不出作者或技法，但我能读出它的意境。"的确，在这座校园里，随处望去都是一幅精致的画面。西花园里有一口大铁缸，在角落里不知躺了多少年。后来经师生考证，它叫"门海"，是当年苏州织造署消防设施。柳袁照把它"请"出来，立石纪念，变成了教育实物，又稍加点缀，在缸里放上水草，养上几尾金鱼，顿时有了生命的气息。

柳袁照深知，他是在创造教育的意境："这绝不仅仅是园林或学校的再造，而是校园文化的再生；也不是一个单纯的建筑问题，而是教育的问题。要让校园里的一切都会说话，说教育的话。"因此，学校每一栋楼、每一条廊、每一座园都各有名称：王鏊厅、元培楼、骊英楼……都有楼记、廊记、园记。

"璀廊"就是柳袁照的得意之作。"它是以'一二·九'运动的学生领袖、校友陆璀的名字命名，她曾被誉为'中国的贞德'。"柳袁照指着"廊记"介绍。廊壁上还有许多砖刻，每一块都是一位校园名人。这里曾是脏乱的卫生死角，改造不易。他灵机一动，修了这段直通西花园的长廊，既化腐朽为神奇，有曲径通幽之感，又有了教育的意义。

改造工程如愿完成，整个校园立刻呈现出一种浑然的美感和流动的意韵。柳袁照习惯追求“边缘化”，作为校长的他正努力探寻教育与建筑的“黄金分割点”。在把学校文化精神物化的同时，柳袁照也把自己的生命意义与母校、与民族的教育理想融在一起。

今天的苏州十中更像一个精神家园，显性的物质文化与隐性的人文精神，共同构成了一本鲜活的校本课程，让教育成为一种自然的存在。只要用心聆听，到处都有天籁之音。

一个秋日的黄昏，一位白发老人悄然走进苏州十中西花园。在一座紫藤架下，老人抚着一块摩崖石刻，上面依稀可辨：“仁慈明敏，壬申级训，何泽慧篆。”这位老人就是我国著名核物理学家何泽慧。在20世纪二三十年代，每一届振华学生毕业，都要为母校留下一些纪念物。壬申级石刻，就是何泽慧和同学们镌刻的。西花园中的己巳亭、来今雨斋，都是当时的毕业校友留赠。对于这些永恒的纪念，学校格外珍视，一一进行了修复。

从2002年开始，学校恢复了毕业留念的传统。走过子冈楼，只见一块灵璧石立在翠竹丛中，恰如一匹骏马腾空。这是2003届毕业生留下的，取名“起步石”。在柳袁照眼中，小小的石头有着无尽的寓意：“它既表达了学生的感恩之情，把足迹留在母校，也象征着无论他们走向哪里，起点始终在这里。”于是，这片校园便成为许多人离开时的牵挂和回来的理由。这种情感就像醇酒，不会因时光流逝而淡薄，而是愈久愈香。

对今天的学生来说，生活在这个校园里，时时处处都会得到美的熏陶，眼前的一切是如此灵动，一草一木、一砖一石都蕴藏着一段令人神往的故事，让人忍不住驻足沉思。

……

这是一座洋溢着古典魅力的校园，“传统”是她的呈现方式；这又是一种流淌着生命气息的教育，“现代”是她的精神内核。师生之间的平等、和谐，成了这里最动人的风景。

在苏州十中的北门两侧，元培楼与子冈楼相对而立，如两座巨塔，俯视着校园里的莘莘学子。

元培楼“楼记”上写道：“蔡元培，振华女中校董，民主革命家，中国现代教育之父，曾任北京大学校长……”子冈楼的“楼记”上说，“彭子冈，振华女中校友，20世纪三四十年代杰出记者。”

“子冈楼”三字，由彭子冈之子、作家徐城北题写。当时，他曾坦率地问道：“柳校长，我母亲虽然在新闻界有点名气，但无论成就、声望，都不能和蔡元培同日而语。他们一个是老师，一个是学生，这样是不是不太相称?”柳袁照回答：“如今提倡以人为本，落实到学校，就是以学生为本。老师无论有多高的地位，和学生都是平等的。这象征着苏州十中是一所师生平等的学校。”

同样富有象征意义的是学术报告厅，门楣上“王鏊厅”三个大字，居然出自一位在校女生之手。王鏊是明代的大学士、学校创始人王谢长达的先祖。题字的女生名叫夏祖晗，因为书法特长被学校破格录取。一位是前代名士，一位是后辈学子，这样的组合，寓意不言自明。

在这里，平等的理念蕴藏在更多管理细节中。虽然校园不断在改造，不断有新工程，但至今没有修建行政楼，学校领导都和老师们一起办公。并非财力问题，因为只有校领导走近老师，老师才能走近学生。学校明确规定，校园里凡是对教师开放的地方，都对学生开放。

……

“一座学校有一座学校的收藏，一座学校有一座学校的歌唱。有时候，岁月就是这样的短暂。上课时开始，下课时竟已百年。走进校门开始，毕业时竟已百年。有时候，岁月又是如此悠长，朝花啊夕拾，光荣和梦想，一代一代的书声朗朗，原来就是百年十中经久不散的回响……”

读着这美丽动人的文字，眼前浮现出的是至真至纯的教育境界。这是苏州十中百年校庆之际，作家陶文瑜为纪录片《百年十中》撰写的解说词。这部不断精雕细琢的纪录片，学校拍了整整一年。但与众不同的是，片中无领导讲话、无曲意奉承、无夸耀成绩，自始至终是在如诗如歌的语言中，追忆办学历史，咏唱校园精神，美不胜收的画面令人陶醉。

这就是柳袁照的风格，在学校里，他提倡一个“真”字，做人要有真性情。如今，随着校园文化建设的成型，他更多地思考着一个“本色人生”的命题。在他看来，物对人的影响是间接的，人对人的影响才是直接的。正因此，他希望以教师的道德、人格、习惯和价值观，去感染学生、激发学生、引导学生。

这种精神的影响，在许多老教师身上体现得尤为鲜明。“我们的校园很美，在这里工作，教师也要有美的行为。多年来，包括我的老师在内，都是身教重于言教。”老教师王嵘已经跟百年老校一起度过33年光阴，仍然激情未减。

……

第四章

跟岗学习的几点要求

第一节　带着问题去跟岗

带着问题去跟岗，这是我们对参加跟岗学习校长的一种要求，也是跟岗学习取得实效的前提性条件。什么是教育问题？教育问题有哪些类型？怎样发现和挖掘教育问题？怎样规范而准确地提出教育问题？是参加跟岗学习校长比较关心的事情①。

一、教育问题的基本类型

教育问题，是指反映到人们大脑中的、需要探明和解决的教育实际矛盾和理论疑难。教育问题可以产生于教育实践，也可以产生于教育实践同理论的差异或对立，还可以产生于一种教育理论的内部或多种教育理论之间的差异或对立。

从“研究价值”、“挖掘深度”和“涵盖广度”三方面的视角，将教育问题的基本类型概括为“常识问题与未决问题”、“表象问题与

---

① 黄甫全．关于教育研究中的问题意识［J］．华南师范大学学报（社会科学版），2003（4）：119

实质问题”、“‘大’问题与‘小’问题”。

（一）常识问题和未决问题

根据研究价值的有无，教育问题可以分为常识问题和未决问题。人们在教育实践中遇到的各种各样的实际矛盾和理论疑难，有一些是前人或他人已经探明和解决了的，而另外一些则是前人或他人没有探明和解决或没有完全探明和解决的。前者不需要进行研究，只要查阅有关文献资料就能明了，不具有研究价值，这样的问题是常识问题；后者则不仅需要查阅有关文献资料，而且需要进行专门的研究才能探明和解决或完全探明和解决，具有研究价值，这样的问题就是未决问题。

未决问题，一般表现为两种类型：一是老问题新含义，即前人或他人已经提出并解决过的问题，但是在不同的社会条件下总是有崭新的含义不明了需要研究解决，这是教育的永恒问题，如“教育什么?”“怎样教育?”“教育是什么?”“怎样组织?”“怎样评价?”等。二是新问题新含义，即在特殊时代条件下，人们遇到的特殊教育问题，具有时代性，这则是教育的时代问题，如“教育有没有阶级性?”“教育怎样信息化?”等。一些时代问题会转化为永恒问题，如“怎样组织教育内容”是17世纪的时代问题，“怎样评价教育”是20世纪上半叶的时代问题，现在均成了教育的永恒问题；而另外一些时代问题，会随着时代的变迁而消失，如“是否应该在学校里教学自然科学知识”的问题，是西方近代的时代问题，现在已不存在了，但却衍生出了“人文与科学怎样有机结合”的新问题。

（二）表象问题和实质问题

根据问题探讨的深度不同，教育问题分为表象问题和实质问题。表象是人们对过去事物刺激的记忆所形成的形象，表现的是事物表面特征及其外在关系。表象问题就是人们对教育活动表面特征及其外在关系中存在的矛盾和疑难的反映，是教育中个别的、特殊的和具体的问题。如“经济发达地区城乡结合部小学生厌学状况是怎样的?”“现代城市中学教导主任扮演什么样的角色?”“城乡小学教师素养有何差异?”“语文课堂教学中小学生注意力的影响因素有哪些?”等。而实质问题则是人们对教育内在特性及其内部关系中存在的矛盾和疑难的反映，是教育中普遍的、一般的和抽象的问题。如“交往理论观照下的教育结构是什么?”“现代条件下教师的角色及其关系是什么?”“教育内部关系模式的历史演变规律是什么?”“现代教学环境设计的基本原理是什么?”等。

从表象问题到实质问题，既是人们认识发展的普遍路径，也是深化教育研究的基本要求。发现、提出和解决表象问题是必要的，尤其对于从事教育实践工作的人们来说非常重要。但是仅仅停留在表象问题的层面，则是不够的，尤其对于教育理论工作者来说，必须在表象问题基础上，通过专门学习，提高理论素养，开动脑子，采取适当方法，深入地挖掘、发现、提出和解决实质问题。

(三)“大”问题和“小”问题

根据问题涉及的范围宽窄，教育问题又可以分为“大”问题和“小”问题。大问题，也就是包含了中观和微观问题的宏观问题，它是在一定时空里，牵涉了教育全部或主要方面的各种因素的矛盾和疑难。如“当代世界教育发展的状况如何?”“当代中国教育改革的状况如何?”“为什么素质教育的发展存在如此混乱的状况?”“怎样进行教育评价?”“怎样设计有效的教学?”“教育美学是什么?”“怎样建构教育艺术?”等。

而“小”问题就是微观问题，它是在深入而具有普遍性的层面里，聚焦于教育某方面的一两个因素的实质或关系的矛盾和疑难。如“素质教育主要理论命题中存在什么样的自我缠绕的矛盾?”“认识论视野里的教育主体和客体是什么?”“学生主体性的基本内涵是什么?”“学生主、客体双重性发展的动态规律是什么?”“新兴的教学设计针对的问题是什么?”“教育悲剧具有什么样的审美价值?”“整合课程真的比分科课程好吗?”等。

历史学、心理学和哲学已经揭示出，无论人类还是个体，认识能力的发展，具有从综合到分析、再从分析到综合的逐步提升的基本规律；事物的演变，也具有从全体到个别，再从个别到全体的变化秩序。教育及其研究也是如此，这就决定了在教育问题的发现和研究上，存在着从“大题小做”到“小题大做”，再到“大题小做”并逐步过渡到“大题大做”的一般规律。

所谓“大题小做”，就是人们在刚刚开始入门进行教育学术研究之初，发现和提出的总会是一些关涉面非常“大”的问题，但受制于学识基础单薄和研究能力有限，结果研究所得以及写出的往往是一篇角度一般、深度不够、重点缺乏的价值很“小”的作品来。这显然是不够的，通过学习提高和进一步深化，需要发展到“小题大做”的层面。所谓“小题大做”，就是深入到教育的某一个方面的某一个因素或某一个点，发现一个具体而特殊的问题域，然后从特殊的角度深入挖掘问题背后的问题，直到触及实质层面，提出一个有深度的“小”问题，然后全面地加以研究，提出有新意的解决问题的新命题或新观点，再加以突出重点的、全面的和深入的论述，写出一篇有重大价值的“大”作品来。在分别地对有关小问题进行了研究取得成果的基础上，人们可以逐步进入“大题小做”和“大题大做”的境界。这一境界的“大题小做”，与起步时的“大题小做”相比有了质的飞跃。有了坚实的学识基础和大量“小题大做”成果作为基础，人们就可以深入地透过表象从实质层面发现和提出教育的“大”问题，通过把握关键点的深入研究，以时代状况为背景突出重点地写出一篇包含着思想精华的“小”作品来。进而，在“大”问题的问题域里，具体地挖掘出若干相关的“小”问题来，分别地加以系统研究，写出有价值的“大”部头的著作来。这就是所谓的“大题大做”。

二、发现问题的基本途径

古今中外人们在教育研究实践中开辟了各种各样的发现问题的方式方法，概括起来主要有三条基本途径，它们是实践归纳、文献综述和理论演绎。

（一）实践归纳

实践归纳途径，就是人们在教育实践基础上，通过对感性经验梳理、分析、概括和归纳，从而发现需要研究解决的教育的实际矛盾和理论疑难。这既是广大教育实践工作者发现教育问题的一般途径，也是理论工作者充分利用直接或间接实践经验发现教育问题的有效途径。比如重点学校与一般学校存在多方面的差异，人们通过实践便会发现相关的一系列问题："不同类型的学校校长在干什么?""不同类型学校的教师素养存在什么样的差异?""不同类型学校的学生学习态度存在什么样的差异?"等。许多教师通过教育实践，提出了一系列的"怎样教"的问题："怎样有效教授抽象概念?""怎样有效培养学生的写作能力?""怎样有效培养学生的实验技能?""怎样提高学生的自学能力?"等。

（二）文献综述

文献综述途径，就是人们以前人和同行的研究成果为基础，通过对某一研究专题的特定时空里的研究文献进行收集整理，进而深入对所涉及的问题及其研究成果进行分析和鉴别，在学习吸收他人理论成果的同时，发现他人尚未解决或尚未完全解决的教育的实际矛盾和理论疑难。文献时空可长可短可大可小，既可以是古今中外的，也可以是当代中国的。比如对古今中外教育文献的简要清理后，就可以发现一直没有解决好的几个基本问题："教育什么?""怎样教育?""教学什么?""怎样教学?"等。对我国新时期以来教学动力研究进行文献综述，人们就发现了没有解决好的问题："教学动力的实质是什么?"

"教学动力的机制是什么?"等。对我国新时期以来教育评价进行文献综述，人们就发现了没有解决的新问题："教育评价价值标准的合理性是什么?""怎样解决教育评价指标的全面性与操作的简便性之间的矛盾?"等。

（三）理论演绎

理论演绎途径，就是人们以理论思维的一般性为基础，将有关学科理论揭示的基本问题，通过演绎"迁移"而具体化到教育研究领域，从而发现需要研究解决的教育的实际矛盾和理论疑难。比如：从哲学里的"世界是什么"、"人是什么"，演绎出"教育是什么"、"学生是什么"；从交往理论里的"主体间性"问题，演绎出"教育活动中存在什么样的主体间性"；从社会学里的"负功能"问题，演绎出"教育评价存在什么样的负功能"；从心理学的"成功智力"和"情感智力"等问题，演绎出"当代智力心理学背景里的新智育观的基本内涵是什么"；从科学学的"科学范式"问题，演绎出"教育研究范式的历史演变规律是什么"，等等。

实践归纳、文献综述和理论演绎三条基本途径既相互区别，又相互作用地统一在一起。实践是一切理论学习和研究的源泉，它有多种形态，分为直接的和间接的，历史的、当下的和未来的，部分的和全面的，从这些实践形态获得的"经验"，既是独立的又是相互融通的，而且应该相互迁移和贯通。实践归纳途径发现的问题，既具有实用性和基础性，是比较容易掌握使用的，但又具有特殊性和表面性的限制，是比较肤浅的，需要通过文献综述与理论演绎加以具体化、深化和升华。文献综述至少具有学习和研究两大功用，特别适用于有志提高发展的实践工作者和正在进入学术研究门坎的学习者。文献综述途径发现的问题，既可以对实践归纳和理论演绎两条途径发现的问题进行比较筛选，以保证将其引导到未决问题上，又需要通过另外两条途径进行检验鉴别和理论深化。而理论演绎途径所发现的问题，具有普遍性，比较深刻，但是却容易脱离实际，及时性和效用性比较差，需要利用实践归纳和文献综述途径加以具体化、规范化和检验修正。理论演绎还是学习和研究的一种包含着各种层次的境界，需要人们通过并超越实践归纳和文献综述加以不懈的追求，从而使学习研究逐步提升品质和丰富蕴涵。总的来说，实践归纳是源泉，文献综述是保障，理论演绎是智慧。人们要把握这三条基本途径，必须获得并激活丰富的实践经验，形成技能化的文献综述的功夫，养成深厚的理论素养。

三、提出问题的基本方式

人们发现教育中的矛盾和疑难，往往处于感受和体验的层面，仅仅内在于“心”，需要通过专门的语言表达以进入思维加以研究并外化交流。对感受和体验到的教育矛盾和疑难的“专门的语言表达”，就是提出问题的方式。作为“存在”的教育研究，是“实然”与“应然”、“一”与“多”、“正”与“反”等的复杂综合体，具有的矛盾和疑难是多种、多样、多方面的，因而提出问题的方式也是多种多样多方面的。概括起来，教育研究领域里提出问题的基本方式有“科学式”、“价值性”、“发散性”和“质疑式”等。

（一）科学式提问

人们的感官或利用工具直接感受到的首先是教育事实，这决定着教育研究首先倾向于探讨当下教育事实状况里的矛盾和疑难。针对这样的矛盾和疑难，人们便形成了实然的科学态度，其中包含着实然的科学式提问方式。科学式提问的基本样式有三种，即怎么样、是什么、为什么。将它们具体化和特殊化到教育领域，就可以在发现矛盾和疑难的基础上，提出一系列规范的教育问题。如“当代我国小学学生学习状况怎么样?”“教学策略的实质是什么?”“为什么学生具有主体性?”等。

（二）价值性提问

教育作为人的特殊活动，既是有复杂组分的系统，也是不断变化发展的过程。无论是整个系统还是各个组分，无论是整个过程还是各个环节，都既有事实与现实的一面，又有可能与理想的一面，可以满足多样需要，具有多种价值。所以教育研究，在实然的科学性态度之外，还有应然的价值性态度，其中就包含着价值性提问方式。价值性提问的基本样式也有三种，即应该怎么样、应该是什么、应该为什么。它们也表现和应用于教育研究领域。如“当代教师应该具备什么样的素养?”“当代教育价值的基本内涵应该是什么?”“新兴的学习为本价值观何以可能?”“在教育过程中外在内容转化为内在经验何以可能?”等。

（三）发散性提问

由于科学的巨大影响，导致教育研究中通过重视归纳而形成的集中思维方式占据支配地位。然而，教育的组分及其关系有一个逐步复杂化和逐步暴露的过程，从而存在着多方面和多层面的矛盾和疑难；而教育认识能力也有一个不断提高的过程，从而形成了多方面和多层面的认识能力结构。这就决定了，教育问题就具体而言，是可以穷尽的，而就一般而言则是不可穷尽的。这样的话，研究中就不仅需要重视应用人们熟悉的归纳式集中思维，更需要发展和应用演绎式的发散思维。发散思维包含着发散性提问，它的基本样式有三种，即还会怎么样、还会是什么、还会为什么。观照教育的矛盾和疑难，在已有认识结果基础上，遵循发散思维的思路，人们就需要并可能提出更多、更全面、更深刻的问题。如“教育过程中师生关系的可能状态，除了‘教师中心’、‘学生中心’和‘学科中心’外还会怎么样?”“教学过程的本质除了‘特殊认识’和‘发展’外，还会是什么?”“当代发展性教学的脑科学基础何在?”等。

（四）质疑式提问

按照辩证法的观点，教育活动实际上和实质上是传统与创新、正命题与反命题、肯定命题与否定命题的统一体。但是，作为特殊存在的教育活动，首先具有既定性，表现为一系列为人们所认同的传统见解，包含着体系化的正命题和肯定命题。这就使得人们往往忽视它的超越性，遮蔽了它的创新特征，掩盖了它的反命题和否定命题。我们可以充分利用这一空间，勇敢地对传统的、大众化的、理所当然的命题提出质疑，通过解构、解蔽和创新的思维触及教育的矛盾和疑难，提出需要研究和解决的问题，这就是质疑式提问。

质疑式提问一般有两种样式，即面对已有的命题和见解从两个方向打上问号："仅仅如此吗?""确实如此吗?"。前一种是深化性质疑式提问思路，后一种是否定性质疑式提问思路。深化性质疑式提问思路，其一般行进路线为：质疑已有见解，把其归入表象问题，进而深入挖掘其背后的实质问题、实质问题背后更深层次的实质问题，并按照教育学术规范清晰地提出来和应用规范语言将问题表述出来。如面对"教学是传授知识、技能的专门活动"的命题，提出"仅仅如此吗"的质疑，深入分析"知识和技能是人的发展成果"，深入地触及"教学作为人的发展过程"的实质问题，进而提出："教学作为学生发展活动的实质是什么?"而否定性质疑式提问思路，其一般行进路线则为：质疑已有命题，针锋相对地提出反命题或否定命题，进而就新的假设提出问题。如面对"张扬教育的人文价值"的命题，提出"确实如此吗?"的质疑，针锋相对提出"培植教育的科学精神"的反命题，再就这一命题提出大家关心和需要解决的问题："教育的科学精神的状况怎么样？其实质是什么？为什么?"又如面对"教学包含课程"的大教学观，果敢地提出"教学确实包含课程吗?"的质疑，进而大胆地提出"不是教学包含课程而是课程包含教学"的大课程观的否定命题，然后就该命题提出问题："大课程的状况怎么样？大课程的实质是什么？为什么？”“大课程的状况应该怎么样？其实质应该是什么？何以可能？”

在教育研究中，科学式、价值性、发散性以及质疑式等提出和表述问题的基本方式，其实是密不可分的。人们常规性的应用模式一般为：先按照科学式提问和价值性提问的方式，确定问题域，然后利用发散性提问和质疑式提问的方式，将问题具体化和细致化。还有另外一种模式则是：直接利用发散性提问和质疑式提问的方式，寻找到新的问题域，然后再应用科学式提问和价值性提问的方式，将问题具体化和特殊化，提出一系列相关的新问题加以研究。两相对比，前者连续性比较突出，后者创新性则比较强。

第二节　学会调查研究①

校长跟岗学习不仅要带着问题，更重要的是要解决问题。要解决问题就需要我们进行调查研究。调查研究是“向他人学习”，调查研究是跟岗学习必须运用的方法。常用的调查研究主要有“问卷法”、“访问法”和“观察法”三种。

调查研究的范围很广泛，甚至有学者认为，教育研究领域出现的“观察法”、“文献法”、“历史法”、“抽样法”、“普查法”、“典型法”、“重点法”、“内容分析法”等都可以纳入“调查研究”的范围。但常用的方式主要有“问卷法”、“访问法”和“观察法”三种。

一、访问法

“访问法”也称为“访谈法”。这里之所以采纳“访问法”这个词语，主要是为了让读者将这个研究方法与“问卷法”连接起来理

① http：//freebird. blogbus. com/logs/1305740. html，2005 - 07 - 0901：56，刘良华

解。访问法或访谈法原本与问卷法有很多连接的地方，它们都是“询问”、“探问”、“提问”的方法，将访问法与问卷法连接起来考虑，也许更容易理解它们的实际意义。

访问法或访谈法实质上是一种“对话”的方法，访谈或对话原本是一种古典式的探询问题的方式。东西方思想的源头保存在访谈式的“对话”中，比如，柏拉图的《理想国》、孔子的《论语》。

教育领域的“访谈法”往往是教师与学生之间，或者教师与同伴之间的对话。依据对话的方式，访谈可以分为“面谈”、“笔谈”和“电话访谈”。

（一）面谈

面对面的访谈虽然可以是小组会谈或座谈，但多数形式呈现为两个人之间的深度会谈。如果访谈的目的是为了从某个人的“口述”中获得某个历史事件的真相，这种研究方式也称为“口述史”研究。

无论两个人之间的会谈还是小组座谈，访谈的质量取决于访谈者的访谈技艺，具体地说，即取决于访谈者的提问、倾听和追问的水平。

1. 如何有效地“提问”

提问应让受访者感到轻松、愉快、有意义。访谈氛围往往与提问者的语气、神态和提问的方式相关。如果访谈的氛围比较沉闷，访谈者有责任改变提问的语气，或者转换一个新的比较轻松的话题。访谈者应显得神采愉悦、诚恳而具有亲和力。

“提问”时尽可能使用简单的句子，但不要连续问许多“是”或“不是”的封闭型问题。

不同问题之间应自然地过渡，保持提问的节奏。受访者如对某一话题感到威胁，应该开启新的话题，等待时机再回到原来的话题。如果问题比较复杂或有争议，应该先有所克制，要学会等待，等到访谈的后阶段再提出来询问或讨论。

2. **何谓真诚地“倾听”**

访谈者应该始终保持学习者的角色，真诚地倾听受访者的言说，避免反驳和盘问。反驳与盘问最容易使受访者感到“败兴”，甚至会“激怒”受访者。严重的情境会导致访谈中断或引起抗议。

访谈者最好不要轻易打断对方的谈话，不要突然更换话题。访谈者总是心怀“研究”的抱负，但受访者有时候接受访谈只是为了有所“发泄”。访谈者应该尊重受访者的心理期待。即使受访者偶尔“跑题”，访谈者也应该认真地倾听，对受访者所谈的话题表示理解和关注，尊重受访者的心理需要。

访谈者应比对象谈得少。一般而言，访谈者说得越少，所获信息就越多。

有时候，倾听是对沉默的容忍，而不是简单地打破沉默。当受访者忽然沉默不语时，访谈者要学会容忍沉默，学会倾听无声的倾诉。

3. **如何有效地“追问”**

“追问”实际上也是一种“倾听”，是倾听之后的回应。“追问”在访谈中是一个重要的技巧，良好的“追问”总是显示出访谈者的智慧和人格魅力。

访谈者可以引导谈话的主题，但应该尽量减少控制局势的强制性。当受访者正在兴致勃勃地谈论某一个话题时，访谈者最好不要因为时间限制或者认为对方“跑题”而强硬地扭转话题。

如果实在需要转换话题，访谈者可以使用一个过渡型问题，以免引起受访者的抵触或不安。在一个进行得比较流畅的访谈中，我们所提的问题相互之间在内容上应该有比较一致的联系。在一个完整的访谈记录中，应该可以看到一条贯穿访谈全过程的内容线，而将这条线连起来的是一个一个的提问。问题与问题之间的衔接应该自然、流畅，与前面受访者的回答在内容上有内在的联系。访谈问题，应该以受访者的思想作为起承转合的主线，问句的构成，应该使用受访者自己使用过的词汇和造句方式。如果我们顽固地坚守自己事先设计好的访谈提纲，不管对方说什么都定期地将自己的问题一个一个地抛出去，那么这个访谈不仅在形式上会显得十分的生硬、僵化，而且在内容上也没有自己内在的生命。反之，如果我们将自己放到与对方情感和思想的共振之中，用对方的语言和概念将访谈的问题像一串珍珠似地串起来，那么这个访谈便不仅会如行云流水，而且会展现出自己生动活泼的生命。

在访谈过程中，教师最好有所记录。除了钢笔记录之外，可以借助“录音笔”或“录音机”等工具来保存访谈的原始材料。录音时，最好征求受访者的同意。

（二）笔谈

除了面对面的对话之外，访谈还可以转换为“笔谈”和“电话访谈”的形态。有些话题可能不便直接交谈，或者，有些话题需要受访者比较长时间地、冷静地思考。这时，“电话访谈”或“笔谈”就可能成为比较合适的谈话方式。

笔谈可以是“笔纸”的交谈，也可以是“无纸化”的“电子网络交谈”。

笔谈也可以显示为“通信”。也有研究者将教师的“写信”作为“教师成为研究者”的一个重要方法。

笔谈往往是两三个人围绕某个主题展开一场书面的对话。这种笔谈虽然也可以是多个人的对话，但对话的人数不宜太多。

笔谈最大的优点是，可以让参与谈话的人安静地、系统地自我思考。笔谈的另一个优点是，它本身就已经是呈现为“书面意见”，不必像面对面的访谈那样，常常需要把声音加工成文字。

有些笔谈的材料聚拢到一起，本身就已经构成一份具有公开发表价值的研究报告。这种研究报告，在教育文献中虽不常见，却也不在少数。

（三）电话访谈

“电话访谈”最直接的优点是不受交通的限制，显得方便而节省。它的另一个好处是不受现场情境的干扰。

对教师来说，最常见的电话访谈是教师同伴之间的“聊天”，广东人形象地称之为“煲电话粥”；其次是用电话方式做学生的“家访”。这种访谈究竟是一种生活方式，还是一种教育活动，或者是一种研究活动，似乎很难严格地区分。也许，此类“划界”困难恰恰说明教师的研究应该内在地具有教育性和生活价值。否则，教师所做的研究是否真的有意义，就值得怀疑。

但电话访谈并不能完全消除访谈者的影响，因为声音总是很微妙地传递交谈者的信息。这意味着即使电话访谈，也仍然需要留意访谈者的态度、语气，甚至身体语言。据说有公司规定该公司的接线员面前放一面镜子，接电话时，接线员必须面对镜子微笑。也有人建议，在打电话时，最好先调整自己的心情，让自己变得开心，然后再拨通电话。这些策略对“电话访谈”大体是有意义的。

二、问卷法

一般认为，问卷，就是向调查对象分发印好的表格或卷子，要求其填写答案，然后收回整理、分析和研究。

这个说法有些类似学生的“测验”或“测量”。但测量法主要用来测查学生的学业成绩、智力、人格或能力倾向，而“问卷法”主要用来询问学生对待某个事件的态度或情感体验、价值观倾向。

问卷也最好删繁就简，不必过于复杂。比如教师可以用问卷的方式调查学生“将来喜欢做什么职业”、“现在喜欢什么学科”、“喜欢什么样的老师”、“希望学校开设哪些校本课程”等。不必追求“面面俱到”而把简单问题人为地弄复杂。

问卷法显然在调查研究中一直占有重要的位置。问卷法确实有它的独特的价值，比如它比访谈或观察可能更经济、快捷，且比较适合在较大范围内进行调查。

调查法的另一个优点常被人们忽视，就是所设计的问卷本身常常具有某种“宣传”的效果，具有“传单效应”。比如用来评估“教师教学质量”的问卷，便具有宣传“一堂好课的标准”或“一个好老师的标准”的效果。问卷的“传单效应”虽然影响了调查的真实性，但这种问卷若真的能够顺便普及某种教育价值取向，也算是问卷调查“无心插柳柳成荫”的一个潜在优势。

尽管如此，若“动用”问卷法，最好谨慎行事，尽可能避免以“问卷调查”、“科学研究”的名义大动干戈而影响教师或学生的日常生活。

三、观察法

在所有的调查研究活动中，甚至在所有的研究方法中，观察法几乎是最流行的、普遍的方法。

当调查研究者是一个外来者并较长时间居留于调查的现场时，这种调查研究有时被称为“人种志研究”。不少教材和专著将“观察法”作为“人种志研究”（ethnographic research）的一种方式。

观察法虽然重要，但很难说观察法究竟有哪些分支的研究方法。根据观察记录的基本方式，大体将观察法再细分为“行为观察法”、“档案观察法”、“实物观察法”。

（一）行为观察法

行为观察法主要观察当事人的生活行为或职业行为。观察的对象可以是某个学生、某个教师，也可以观察同伴的一节课。教师可以根据自己的所见所闻“做笔记”。行为观察既可以是公开身份的“明察”，也可以是身份隐蔽的“暗访”，但一般以“明察”为主。

当观察的对象是教师的一节课时，教师将自己所观摩的主题和事件记录下来，就成为一份“教学观摩日志”。“教学观摩”（或“观摩教学”）以及“教学观摩日志”是在教学实践中常见的方法。这种方法在中国教育界实际上一直作为教师专业成长和教学经验推广的基本途径。

“观察笔记”可以视为“录像”，可称之为“用钢笔录像”。除了“用钢笔录像”，教师还可以借助于机器的力量。录像实际上也是记录，它不过是用机器做记录，“善假于物也”。无论教师如何详细地“做笔记”，总是不能真实、完整地记录所观察的人或事件。录像大体可以弥补这个缺陷。

“录像”是宽泛的说法，具体包括照相、录音、摄像三种。市场上能够为观察研究提供的工具是照相机（包括机械照相机和数码照相机）、录音笔（以前主要是“录音机”或记者用的“采访机”）、摄影机。完整的观察研究应该根据观察的具体对象而选择合适的“录像”工具。至少要有必要的照相、录音或录像。

照相的好处是能够在观察研究的报告中插入相关的照片图像，使研究报告显得真实而具体。

录音一般用于访谈法，比如录制对话的整个过程。观察有时也需要有大量的录音，比如录制教师、学生或校长的演讲，或录制教师一堂课的讲授过程。录音的好处是研究者可以根据原始的演讲、讲授录音整理成文字材料，使文字的研究报告更加准确而有说服力。

录像也包括了录音，但它比录音能够更真实、完整地呈现所观察的活动，具有恢复现场的效果。

无论是用钢笔录像，还是用机器录像，都可以算是教师的日志。这种“教师日志”可以转化为“档案”，包括教师档案和学生档案。教师日志实际上就是教师为自己建立档案。一份“教师日志”，差不多就是一份“教师档案”。教师如果将观察到的主题和事件记录下来并整理成为比较完整的档案，这种记录和整理过程本身就是一种观察的过程。教师可以根据自己的日志或档案整理自己的“教育自传”。

除了建立教师档案之外，教师还可以为所有学生建立档案，一般称为“学生成长记录袋”或“学生成长档案袋”。这些“学生成长记录袋”或“学生成长档案袋”对学生来说是一种发展性教育评价的方式，但对于教师来说，它是一种观察研究的方式。一份良好的“学生成长记录袋”本身就已经是一份“学生个案研究报告”。

教师所建立的作为研究资料的“学生档案”不同于学校的“学生档案”。学校的“学生档案”是为了便于“管理”，但教师的“学生档案”是着眼于研究、体现学生成长的经历及其意义。从这个意义上说，“教师成为研究者”意味着教师成为一个新型的“档案保管员”。

（二）档案观察法

档案也可视为“文献”，但档案一般是指比较隐秘的、流通范围有限的文献。学校的档案一般保存在学校的档案室中。

从档案所记录的对象来看，学校的档案可以分为学生档案、教师档案和管理者档案。学生档案包括学生成绩册、学生试卷、学生作业、学生刊物、学生周记、学生照片等。教师档案包括教案、教具、教师经验总结、教师教学录像或教师报告录像、教师照片等。学校管理者档案包括校长报告、会议记录、学校规划方案、学校历届艺术节或科技节等作品、学校活动的有关录音或录像、学校家长会记录等。

教师查阅学校档案时，比较直接的动机可能是希望了解某个学生的过去。这种查阅显然是有价值的，但除此之外，学校档案尚有更多的价值。

学校档案是一个学校的历史老人，是这个学校的“不叩不鸣”的见证人。对于教师来说，倾听学校档案的声音，可以获得大量的有价值的学校的传统经验和历史智慧。对于校长来说，查阅和分析学校档案，既可以传播学校的视觉形象和听觉形象，又可以依托学校的传统而形成学校个性化的办学理念，使学校保持教师和学生的传统教风和学风，增强学校的核心竞争力。

在档案研究中，学校档案有些是可以公开的，有些是不可以公开的。研究者在查阅学校档案或查阅之后发表相关的研究报告时，应征求学校有关负责人的同意。

（三）实物观察法

从档案所呈现的文化形态来看，学校档案可以分为实物文化和精神文化。

学校实物文化包括校徽、学校地图、学校历届毕业生和教师的照片、学校建筑以及相关的照片或录像、书信及各种手稿、年鉴、证书、奖品、学校期刊、学校通知或规定等学校文件、学校预算、学校出勤记录等。学校精神文化包括学校办学理念、校训、校风、教风、学风、校服、学校师生的精神面貌等。

通过对学校实物文化和精神文化的观察，可以形成对整个学校文化的理解。

实际上，访问法、问卷法和观察法往往联合使用，后面提交的个案研究、人类学研究等相关的研究案例，主要就是访问法、问卷法、观察法的综合运用。

第三节　有空时读点书

一、为什么要读点书

1972年，联合国教科文组织向全世界发出了“走向阅读社会”的号召，要求社会成员人人读书，让读书成为人们日常生活中不可或缺的部分。莎士比亚曾经说过：“生活里没有书籍，就好像没有阳光；智慧里没有书籍，就好像鸟儿没有翅膀。”阅读对人的成长的影响是巨大的，“腹有诗书气自华”，一本好书往往能改变人的一生。人的精神发育史，应该是他本人的阅读史；而一个民族的精神境界，在很大程度上取决于全民族的阅读水平。

近年来，世界各国都把提倡阅读风气、提升阅读能力列为教育改革的重点。2012年初，英国教育部发出号召，要把阅读进行到底，并借助各种传播工具宣传阅读。现在，从电视连续剧到网络，到处都看得到政府宣传阅读的信息。2012年2月，英国图书馆协会、全国阅读运动组织和电子游戏公司game work shop合作，在英国各地公共图书馆推出以《魔戒》为主题的活动。图书馆里，《魔戒》的电子游戏、小说和阅读指南与其他有趣的奇幻书并列，刺激着青少年阅读原著的兴趣。日本则早在10年前就积极推广儿童阅读运动。1995年一群国会议员开始推动设立国际儿童图书馆，1997年日本修正《学校图书馆法》，规定学校规模只要超过12个班，都必须指派学校图书馆员。为培养婴幼儿阅读习惯，日本从英国移植了“图书起跑线”运动，鼓励新生代父母讲故事给襁褓中的孩子听。2001年年底，儿童阅读进入国家法律，《日本儿童阅读推进法》颁布，指定4月23日为日本儿童阅读日。而在美国，每位总统上任后，几乎都大力提倡阅读。布什上任后，提出“不让任何一个孩子落在后面”的教育改革方案，并将“阅读优先”作为政策主轴，提拨50亿美元的经费，希望在5年内让美国所有学童在小学3年级以前具备基本阅读能力。布什夫人也推出“阅读、阅读、再阅读”计划，提醒天下父母，必须在孩子童年时为他们铺设一条经由阅读而成功学习的道路。

资料显示，全世界平均每年每人读书最多的民族是犹太人，为64本；全世界平均每年每人读书最多的国家是前苏联，为55本；美国现在正在开展平均每年每人读书达50本的计划。而我国的九年义务教育语文课程标准中规定，九年期间学生课外读书量要达到400万字，如果每本书是10万字，九年读书量就是40本，平均每人每年读书不足5本。

二、读书，并快乐着

读书是苦事还是乐事[①]？苦与甜是相对的。元朝诗人白朴的诗句“从来好事天生俭，自古瓜儿苦后甜”，就道出了苦与甜的辩证关系。人们在生活中，也有这样的体验，苦瓜明明是苦的，可南方人就爱吃，因为入口虽苦，却是越品越香甜。读书也一样，有人觉得苦，有人却品到了甜。宋元间学者翁森写了一首《四时读书乐》，其中有：“读书之乐乐如何，绿满窗前草不除；读书之乐乐无穷，瑶琴一曲来薰风；读书之乐乐陶陶，起弄明月霜天高；读书之乐何处寻，数点梅花天地心。”与此同时，当时民间也流行一首《四时读书歌》：“春天不是读书天，夏日炎炎正好眠，过了秋天又冬至，收拾书箱过新年。”这是一首“不学调”，视读书为畏途，以各种借口逃避读书。

为什么有人觉得读书是乐事，而另一些人认为是苦事呢？读书苦与乐的区别，既反映人们的生活态度，也体现了人们的世界观。林语堂说：“有价值的学者不知道什么叫做‘磨练’，也不知道什么叫做‘苦学’。他们只是爱好读书，情不自禁地一直读下去……一个人有读书的心境时，随便什么地方都可以读书。如果知道读书的乐趣，他无论在学校内或学校外，都会读书。”我幼时受到的私塾教育，虽然是呆板的，却奠定了我的苦学理念，也初步接受了我国传统文化的影响。我的启蒙老师，开宗明义就是要求苦学，他说：“苦，苦，苦，不苦何以通今古？”再后来，接触到四书五经，特别是孟子的名句：“天将降大任于斯人也，必先苦其心志，劳其筋骨，饿其体肤，空乏其身……”，获益更多。孟子这段话的核心就是一个“苦”字，我从内心里接受了他的教言，认为这是实现“以天下为己任”的人生抱负的必经的磨练过程。

---

① 刘道玉．读书到苦方觉甜［J］．人民日报，2011－02－15

三、读书要有选择：校长读书推荐书目

每个人都有自己喜欢的书。张岱年最喜爱的书有：《周易大传》、《孟子》、《庄子》、《史记》、《通鉴》、《费尔巴哈与德国古典哲学的终结》、《自然辩证法》、《哲学笔记》、《西方哲学史》（罗素）、《邓小平文选》；张世英最喜爱的十本书是：《理想国》、《精神现象学》（黑格尔）、《哈姆雷特》、《少年维特之烦恼》、《海德格尔诗学文集》、《孟子》、《唐诗三百首》、《红楼梦》、《古文观止》、《中国哲学史》（冯友兰）；陈仲庚介绍的基础和人格心理学入门书有：《心理学导论》（希尔加德）、《西方心理学史大纲》（唐钺）、《心理学方法学》（周谦）、《人格心理学》（陈仲庚，张雨新）、《人格心理学》（伯格）、《精神分析引论》（弗洛伊德）、《人格导论》（米谢尔）、《人格的生物学基础》（艾森克）；白化文推荐的十种引人入胜的中文经典著作有：《史记》、《杜甫诗》、《世说新语》、《陶渊明集》、《三国演义》、《西游记》、《红楼梦》、《聊斋志异》、《西厢记》、《桃花扇》。

校长读书的推荐书目，我们提出共四类：

1. 生活智慧/实践智慧类：改变你的生活态度

（1）《论语》。参照李泽厚著：《论语今读》，安徽文艺出版社，1998 年版。

《论语今读》，具有以下新意：

新意之一，是将《论语》与其他经典对比来读。例如，子曰："学而不思则罔，思而不学则殆。"李在"记"中说："就认识论，与康德所说'感性无知性则盲，知性无感性则空'，几乎同一思路。这一道理至今不过时。东海西海，此心相同，此理相同。"又如，子曰："朝闻道，夕死可矣。"李在"记"中说："生烦死畏，追求超越，此为宗教；生烦死畏，不如无生，此是佛家；生烦死畏，却顺事安宁，深情感慨，此乃儒学。"

新意之二，是借《论语》针砭时弊。例如，子曰：“父母之年，不可不知也。一则以喜，一则以惧。”李感慨：“父母多能记得子女年岁；‘父母之年’，今天又有多少人记得？”又如，子曰：“古之学者为己，今之学者为人。”李译为，孔子说：“古时的学者是为了改进自己，今天的学者是为了教训别人。”并发议论：“君不见，好些风头正健、时髦十足的青年学人（其实也未必都年轻），专以践踏他人炫耀自己为学问志业乎？”

新意之三，是以凡人的视角来看孔子。例如：子见南子，子路不悦。夫子矢之曰：“予所否者，天厌之！天厌之！”李译为，孔子拜会了南子，子路不高兴。孔子发誓说：“我如果做了错事，老天会惩罚我！老天会惩罚我！”在“记”中说：“《论语》中的孔子是生动活泼的人，有脾气，有缺点。‘南子’据说是一个‘淫乱’的国君妾妇，是一个‘不道德’的人，孔子却拜见而不避，甚至使亲近的学生怀疑而不高兴，可见孔子与后代假道学大不相同，并不装腔作势，而是有高度灵活性的。”①

（2）《易经》。参照曾仕强著：《易经的奥秘》，陕西师范大学出版社，2010 年版。

《易经》，也称《周易》，是一部既古老又新奇，既陌生又熟悉，既高深莫测，又简单容易的书，是解开宇宙人生密码的宝典。自古以来，人类一直在努力探索着宇宙人生的奥秘，但是直到科技高度发达的今天，仍然没有破解宇宙的秘密，难道我们的老祖宗，在几千年以前就做到了吗？什么是《易经》？什么是阴阳？什么是太极？什么是八卦？《易经》还给了我们三把钥匙，这三把钥匙都是什么？我们又如何才能够读懂《易经》？而懂了《易经》的道理，对于我们的人生会有什么意义呢？现代人又如何利用《易经》的原理来趋吉避凶呢？

---

① 怀宇．《论语今读》的新意　借书针砭时弊——评李泽厚的《论语今读》［J］．南方都市报，2004－07－12

中华民族的祖先得到了三把钥匙[①]。第一把钥匙，叫做伏羲八卦。在中国，几乎人人都看过八卦图，家家户户也都挂过，只是搞不清楚那是做什么的。殊不知，那正是一把打开宇宙密码的金钥匙。我们在手上拿了七千年，却始终没有悟到它真正的作用，总以为那是很好玩儿的，可以辟邪的，连外国人也跟着我们糊里糊涂的。外国人现在也挂八卦图，但你问他为什么，他一定会说："那是你们中国的玩意儿，我怎么知道?"

伏羲的八卦告诉我们一个宇宙最基本的秘密，我们用两个字就把它讲完了，叫做"阴阳"。现代科学家已经感觉到，物体一定有最小的基本构成元素，他们讲了很多很多，却始终讲不出"阴阳"这两个字来。我们一天到晚在讲"阴阳"，可是我们反而不知道，这就是宇宙万事万物最基本的构成元素。

第二把钥匙，是文王六十四卦。它告诉我们，宇宙只有六十四个密码。大家一定会产生疑问：为什么是六十四个呢？不可以是六十三个吗？不可以是八十二个吗?《易经》讲"数"讲得非常多，但是如果用我们现代的数学观念来看《易经》的数，那就相差太多了。因为数不等于数字。数是有生命的，是活的，不是死的。有一句话非常重要：这件事情不过是"一而二，二而一"而已。这句话大家经常听到，只是没有在意。什么叫"一而二，二而一"？等到讲易数的时候，我们会把它说清楚。

六十四卦就是宇宙的六十四个密码，它是用数字来代表的。凡是密码，必定离不开数字。我们现在所用的保险箱都是用数字做密码的，但是那个数字是死的，一就是一，二就是二，而宇宙的数是活的，是变化的。

第三把钥匙，是孔子给我们的《十翼》。孔子"删《书》、《诗》"，他把《尚书》、《诗经》删了一大部分；他制定礼乐，修了一

---

① 曾仕强．易经的奥秘［M］．西安：陕西师范大学出版社，2010

部很难的书，叫《春秋》。但是他看到《周易》，却是很恭敬地赞美。

《周易》成书以后，多少人想动它的一个字都动不了。

（3）《心经》。参照星云大师主编：《般若心经——生活观》[①]，有鹿文化出版社，2010 年版。

般若心经虽然只有短短 260 个字，却包含了人生观和宇宙观，在佛教五堂功课里，都要念心经，因为会让念心经的人升起菩提心、慈悲心、般若心，也让自己修行功行到达圆满。

般若心经主要让大家学习观人自在，比如爱的人不在身边，或不喜欢的人在身边，要感觉自在；观事自在，有时好事坏事都让人不自在，如何在中大奖或遭遇天灾时也能自在，更需要般若，观境自在。人有时很难控制脾气，就算你在胸前挂一个“我不发脾气”也很难做到，因为讲时是悟对境生迷，所以学佛就是要学自在，不是只靠菩萨帮忙，大师也拜观世音菩萨，自己念观世音菩萨，说明求人不如求自己。

“般若”是什么？有人说是智慧，大师说智慧没办法表达般若的意思，因为智慧也会犯罪，甚至聪明反被聪明误。若说成知识，可是知识也会生病，更多人喜欢讲道理，只是老是讲道理的人，真正的道理却不容易接受，所以当遇到有智慧的人讲话时要记得谛听，毕竟听比看有用，不管任何境界，只要你有般若智慧，就可以到彼岸，帮我们度过烦恼，度过生死，度过困难，更进一步转苦为乐，转烦恼为菩提，转差别为平等，都要靠六度波罗蜜。

六度该如何修？布施的时候要不求回报，持戒才可得到清净、解脱和自由，忍辱就是一种智慧、力量、担当、负责、处理、化解，精进就是要做到，未生恶令不生，以生恶令祛除，未生善令升起，已生善令增长，禅定也不只是打坐，吃饭穿衣都要自己省悟，所以前五度

① 资料来源：星云大师为读书会成员讲说“般若心经的生活观”，http：//www. fgs. org. tw/news/news

都要“般若”才是佛法，才能得度，至于人生有许多的苦，你能否接受完全看自己，因为大师说心好比一座工厂，能否生产出好产品也要靠般若智慧，当然心是很难控制的，所谓擒山中贼易，擒心中贼难。

“心如工画师，能画种种物”，如果每一个人都能行“三好”，就能改变自己，别让五蕴聚集，覆盖我们的本性。另外一种说法是，五蕴就是“我”的代名词，如何能让他空呢？只要认识空才能有的道理，空与有是一不是二，毕竟虚空因为无相，所以无所不像，大师更要大家离开我执，当你超越了，调和了，就能度一切苦厄。

（4）星云大师，刘长乐著：《包容的智慧》、《修好这颗心》，湖北人民出版社，2007年版。

长乐先生与星云大师既是饱含出世精神的智者，也是有着辉煌事业的成功经营者，他们以一颗积极向上的心，游走在出世与入世之间，用实际行动证明了博大精深的中国传统文化中儒释道的三位一体，道家的“水”、佛家的“静”、儒家的“和”在书中得以圆融的阐释。

在日益纷繁复杂的社会氛围中，如何克服人性的弱点，解决心理的迷惑，保持心灵的宁静？星云大师在书中给世人开出了一剂医治心病的“心药方”：好心肠一条，慈悲意一片，道理三分，敬人十分，道德一块，信行要紧，老实一个，中直十成，豁达全用，方便不拘多少。此十味药，用包容锅炒，用宽心炉炖，不要焦，不要躁，去火性三分（脾气不要大），于整体盆中研碎（同心协力），三思为本，鼓励做药丸，每日进三服，不限时，用关爱汤服下。如果能配出上述药方，则百病可除。

相对于现代企业制度中普遍存在的硬性规矩，星云大师主张以慈悲、赞美、鼓励来代替制度与规矩的“柔性管理”，即所谓的“以柔克刚”。长乐先生能将凤凰卫视一千多名员工的激情调动起来，主要源于他对“心”的管理。他认为管人先得管心，选择了从“心”的管理，就是尊重员工的心灵与个性，而不是用数不清的管理条文织成一张束缚人心的网。

《修好这颗心》是星云大师与刘长乐先生继2007年合作《包容的智慧》后的又一次智慧互动。平易之处与我们交流人生的阅历，世间的故事，生活的感知，从心治、义利、笃学、慈爱到忍辱、舍得、财富、格局。书中观点和态度更加与时俱进，也更入世、更实用、更贴近读者的生活，而故事也更幽默、更动人。这也就决定了它在风格上的时代感，会让读者进一步地体会古老东方哲学与现代都市人呈现出的完美交融。

（5）［美］卡耐基著：《人性的弱点》，海潮出版社，2003年版。

本书的唯一目的就是帮助你如何在你的日常生活、商务活动与社会交往中与人打交道，并有效地影响他人；如何击败人类的生存之敌——忧虑（抱怨、仇恨），以创造一种幸福美好的人生。卡耐基建议：第一，“不要批评、责怪或抱怨他人”。因为没有人会因别人的批评而承认自己的错误。第二，“真诚地赞赏他人”。因为人有两个最基本的需要，一是性满足；二是“希望成为重要人物”。第三，站在对方的角度考虑问题，“理解他人的需要”。如此等等。

（6）［美］哈伯德著，路军译：《自动自发》、《把信送给加西亚》，企业管理出版社，2002年版。

哈伯德说：世界会给你厚报，既有金钱也有荣誉，只要你具有这样的一种品质，那就是主动。什么是主动？让我告诉你：主动就是不用别人告诉你，你就能出色地完成工作。次之，就是别人告诉了你一次，你就能去做。再次之，就是这样一些人，别人告诉了他们两次，他们才会去做。这些人不会得到荣誉，报偿也很微薄。更次之，就是有些人只有在形势所迫时才能把事情做好，他们得到的只是冷漠而不是荣誉，报偿更是微不足道了。

（7）［美］伦丁、保罗、克里斯坦森著，秦玉熙译：《鱼》，中信出版社，2002年版。

“你可以选择自己的工作态度，即使你无法选择工作本身”、

"玩"、"让别人快乐"、"全身心地投入"。

除此之外，还有《你在为谁工作》、《没有任何借口》、《细节决定成败》、《地球是平的》、《货币战争》等。

2. **教育新理念类：改变你的教育态度**

（1）意大利作家亚米契斯《爱的教育》是流传世界各国的一本儿童名著。写于1886年，书的原名是《Houre》，翻译是"心"。

夏丏尊先生在序言中说，在1920年，他得到这本书的日译本后，一边读一边流泪。他许愿要译成中文，不光是给孩子们读，也要让父母和教师都跟他一样，流一些感动的眼泪、惭愧的眼泪。"五四"期间，《爱的教育》就被匡互生、朱光潜、丰子恺、陈望道、黎锦熙、茅盾、夏衍等知名学者作为当时"立达学园"学生们的重点读物，几乎人手一册。

《爱的教育》一书中描写了一群充满活力，积极要求上进，如阳光般灿烂的少年。他们的境况不一，有的家庭贫困，有的身有残疾，也有一些是沐浴在幸福中的。他们每个人虽从出身到性格都迥异，但他们身上却都有着一种共同的东西——对自己的祖国意大利的深深的爱，对亲友的真挚之情。

夏丏尊先生在翻译《爱的教育》时说过这样一段话："教育之没有情感，没有爱，如同池塘没有水一样。没有水，就不成其池塘，没有爱就没有教育。"

（2）［法］卢梭著，李平沤译：《爱弥尔》，人民教育出版社，2001年版。

卢梭是18世纪法国启蒙运动思想家。他的政治理论给法国大革命作了先导，对美国独立和世界人民谋求自由解放的运动，给予了有力的推动。他对近世宗教、社会、文化、教育的改革，都曾作出伟大的启发和指导。他的《爱弥尔》是构想二十载和撰写三载的不朽之作，是可与古希腊柏拉图的《理想国》齐名的作品。

第一，《爱弥尔》给教育找到了出发点。社会的客观需要是教育的归宿点，儿童的身心发展是教育的出发点，正像两点之间构成了直线，在教育的出发点和归宿点之间，构成了教育过程。第二，卢梭从自然主义教育观出发，要求教育适应受教育者的成长和发育。第三，《爱弥尔》在论证儿童躯体养护、感觉训练、知识教育、道德教育、宗教教育时，扩大了当时的教育范围，增添了新颖的教育内容。第四，《爱弥尔》为现代教育和教学方法指出了改革的方向。

(3) ［美］加德纳著，沈致隆译：《多元智能》，新华出版社，2003 年版。

智能的多元性[①]。加德纳认为人类至少存在七种以上的智能：语言智能、数学逻辑智能、音乐智能、身体运动智能、空间智能、人际关系智能和自我认识智能。

智能的情景化。自从智能多元化的观点提出后，最重要的两个概念就是智能的情景化和智能的分布。智能情景化的观点认为，人类是生物的一种，但却是有文化的生命体。人类的生活与其所处的文化背景有紧密的联系，单一智能和多种智能，一直都是一定文化背景中学习机会和生理特征相互作用的产物。

智能的分布。多元智能认为，智能不能脱离个体生活的环境，智能分布于其他有关的人、工具、技术、符号系统之中，是与人类的活动密切结合在一起的，人仅仅依靠自己的大脑单独从事生产活动的情况是微乎其微的。

智能的个体化。多元智能认为，每一个个体的智能都具有自己的特点和独特的表现形式。智能的多元化的观点提出了七到数种百种智能。这些智能的简单结合和重复结合，还会产生不计其数的智能种类。

(4) 联合国教科文组织国际教育发展委员会编著，华东师范大学比较教育研究所译：《学会生存》，教育科学出版社，1996 年版。

---

① 龚孝华．多元智能：对教育评估科学性研究的影响［J］．教育科学，2002－10－25

《学会生存》是一本跨国家的、有关整个世界教育问题的论著。本书从回顾教育发展的历史谈起，着重论述了当今世界教育面临的挑战与主要倾向，指出了关于实现教育革新的一些策略和途径以及最终走向学习化社会的道路，最后论述了教育的国际合作问题。因此本书内容丰富，涉猎的面很广，几乎触及了教育制度方面的一切重大问题，既有较高的理论性，又有很强的实践性。

本书的整体框架是：过去—现在—未来，即从过去的教育遗产和已有的研究结果出发，结合当前教育的需要和社会对教育的要求，充分利用全球教育资源和手段，突破原有的教育传统和约束以及社会中的教育不均衡与不平等的诸多现象，来倡导全球团结合作向学习化社会前进。这给我们发展当今教育指明了一条道路，即按照这条思路去探索：总结以往的教育经验和研究结果，立足现实中的诸多教育理念，如“终身教育”、“民主教育”、“和谐社会”等诸多与时代同步的教育理念，去寻找一条真正适合未来发展和全球进步的教育理念。

（5）［苏］苏霍姆林斯基著，杜殿坤编译：《给教师的一百条建议》，教育科学出版社，1984 年版。

《给教师的一百条建议》是苏霍姆林斯基专为中小学教师而写的。书中每一条建议谈一个问题，有生动的实际事例，也有精辟的理论分析，很多都是苏霍姆林斯基教育教学中的实例，娓娓道来。

3. 管理新理念类：改变你的管理观

（1）［英］史蒂芬·柯维著：《成功人士的七个习惯》，中国青年出版社，2010 版。

书中的七个习惯是一个整体，它们相辅相成，既讲到了个人要全力以赴确立目标，进行个人修炼，并由依赖转向独立，从而实现“个人成功”，也讲到了要通过建立共赢，换位沟通，集思广益等。其中给人启发最大的是“要事第一”这一种习惯。“积极主动”的态度，“以终为始”的愿景，“要事第一”的把握，“双赢思维”的互赖，

"知彼解己"的沟通,"统合综效"的合作,"不断更新"的创造,会使每一个人走向成功的彼岸,促进团队沟通与合作。而不断更新更是涵盖了前六个习惯,督促我们从身心开始完善。

(2)[美]彼得·圣吉著,郭进隆译:《第五项修炼——学习型组织的艺术与实务》,上海三联书店,1994 年版。

《第五项修炼》被《哈佛商业评论》评为近 20 年五本最具影响力的管理类图书之一。作者被认为是创新管理领域的先锋、理论家和作家。南加利福尼亚大学马歇尔商学院的贝尼斯教授评价此书说:"不必逐页地翻看这本书,翻开任何一页,你都会被深深吸引。这是有关组织变革的具有独创性、新颖性的一部著作,每一篇的任何一个观念都会促使你对过去的认识进行重新思考。"本书倡导组织学习,并总结出在自我超越、改善心智模式、建立共同愿景、团队学习四项修炼基础上的第五项修炼:系统思考,使企业建立学习型组织有章可循。

(3)曾仕强著:《中国式管理》、《中国式团队》,北京大学出版社,2010 年版。

中国式管理以"安人"为最终目的,因而更具有包容性;以《易经》为理论基础,合理地解析"同中有异、异中有同"的人事现象;主张从个人的修身做起,然后才有资格来从事管理,而事业只是修身、齐家、治国的实际演练。

(4)李践著:《果断授权——让别人为你工作》,机械工业出版社,2010 年版。

授权就是复制自己,就是让别人为你工作,是放大自己时间的杠杆,是决定一个领导者能力高低的标志。书中提出了"授权 7 步骤",步步都是实战招数,图文搭配,便于记忆;书里还有作者运用这授权 7 步骤的心得体会以及一些案例及其分析,助你有效掌握授权技巧。

4. 专业类:提高你的专业素养

专业类主要包括:专业类经典和专业权威杂志。由于涉及的学科太复杂,恕不能一一推荐。

第四节　每天记点跟岗随笔

随笔，顾名思义，是随手笔录之意。一般以借事抒情、夹叙夹议、意味隽永、短小活泼为其特色。跟岗随笔作为其中一类，同样具备以上特点，只不过更偏重于说理议论，总结经验，探求规律，其理性思考成分较多而已。

一、随笔的特点：随便、随手、随心

随便：“随便”是说随笔没有什么格式的要求，不需要有什么论点论据，文字也可长可短，如果用200字就能把您想说的话说清楚了，也不一定要凑到1 000字。如果您没想好这件事说明了什么，但是这件事却让您有所触动，不说不快，您也不必硬憋着，也不必要找什么理论做依托，您可以把事情写出来，让读者自己去理解。“随便”不是让你记流水账，如果一天下来没有什么可写就可以不写，如果说某一天灵感不断，写它个三四篇也有必要。有感而发是随笔的主要特征，而发出的感想是否精华，则与校长的办学理念、知识结构、理论素养、语言表达能力直接相关。

随手：随笔中涉及的往往是一些即时发生的事件和稍纵即逝的想法，所以需要及时捕捉、记录下来。因为扔了一段时间之后，您对事件的记忆可能就不那么清晰了，思想的火花可能也消失不见了。所以要养成随手写的习惯。如果能坚持记教育日志，那么您会发现那其中有很多您可能已经不太记得的事，但是在当时它是如何让您受到震动的。

随心：这里讲的随心有两层意思，一是随心所欲，率性而为，无八股之限，形式灵活多样，不必循规蹈矩；无三段之分，篇幅短小精悍，不必鸿篇巨制。二是笔要随脑，也即教师要用心于教育、钟情于教育，要让思考伴随教育的整个过程之中。不因感悟少小而弃之，不

因记录麻烦而废之，有感即录，积少成多，并在实践中不断地得以检验和修正之。原来零星的、浅层的思想可能就变成系统的、深邃的了，就会产生“人人心中皆有，人人笔下皆无”的专利。

当你产生一个突发奇想，当你被一件小事打动，当你对一句话产生共鸣或受启发，或者当你满怀成功而又遇到一个棘手问题时……你应当拿起笔，把这些经验、感悟、欣喜、遗憾都记下来。

二、撰写教育教学随笔时要注意的问题

（一）要有一双慧眼

随笔要想写好，必须有自己的独到之处，或是切入事件的角度不同于以往，或是自己的观点不同于常俗。这一切首先需要我们有一双善于发现的眼睛，有一个善于思考的大脑，所以工作之中要注意观察。每个学生都是一本待读的书，和学生的每一次倾心交谈，都可以成为我们写作的素材。

（二）要勤于思考和善于思考

思想从何而来？总结办学得失，反思办学成败，清理工作思路，多思爱思才能善思深思。文章切忌平平淡淡、重复别人，要让别人读你的文章时，能欣赏到你真感情的抒发中凸显出来的独特个性，能触摸到你真见识的议论中激荡着的深刻的思想脉律，这样的文章才好看、耐看、经看！如果我们能时时留意教育教学中的每个细节与现象而不是熟视无睹，如果我们不管万籁俱寂无论更深露重，也总不忘想想为什么会这样，它的背后还隐藏着什么教育规律？我和别人有什么不同的看法？自己的观点有没有轻易被人家左右？时间一长，你就会在无意中惊异地发现，一向熟视无睹的事物中隐藏着真知，一向平淡无奇的现象却也饱含着深意！

（三）要坚持勤写随笔，有感而发

要想写好随笔，关键还在于动笔，动笔写了，才能有好的随笔。

随笔长短不限，即使是你深思熟虑后的五句话也是好随笔。随笔的长短要视具体情况而定，有话则长无话则短，有时间则长无时间则短。文章也是由短到长的，长的随笔往往是在短随笔的基础上加工而成的。如果有时间了，如果有了更多的感悟，就是不断地修改随笔和完善随笔的好时机。

（1）立意要新。也就是你所写的跟岗随笔，不仅自己觉得有新意，而且让别人看后也觉得耳目一新。不可重复别人的观点。

（2）列举实例要具体生动。在举例时一定要把事实讲明白，使读者看后既懂又能学会用。

（3）要做到小中见大。从个别具体的事例出发，能体现出一般规律。注意把中心思想集中到一点上来，反映较深刻的问题和道理。使读者透过现象看本质，通过个性看共性。

（4）文章结构可多样化。教学随笔没有一个固定的格式。可以先简述文章的中心以及写此文的目的，再列举实例说清楚事实及过程，最后归纳小结教学的心得体会。

（四）要注意创新

“劝君莫奏前朝曲，听唱新翻杨柳枝”。教育随笔要从别人习以为常、司空见惯的现象中挖掘出新意来，要跳出僵化、死板的格局看教育，要避免平庸无奇、拾人牙慧。文章最忌随人后，“自成一家始逼真”。如果离开了自己的思想，离开了新意，一味地模仿甚至“复制”别人的东西，那么再好的教育随笔也是一张失血的脸，苍白无力；再高深的文章也如一副无血无肉的骨架，味同嚼蜡！创新，才能点燃教育的激情，创新，才能使教育随笔充盈着灵性！“好记性不如烂笔头”，当然有了奇妙的想法也要及时记下，因为它是稍纵即逝的，一不小心就会飘然远去，难觅踪影！

（五）让书香滋养底气和灵气

写作是一个人内在素养的外化过程，要使外化质量提高则必须有一个不断内化的过程。因此，学习是必要的，把他人的观点、知识、方法内化为自己的观点、知识、方法，方能不断地写出令人耳目一新的好随笔。“腹有诗书气自华”，工作之余读一点书，比如含义深邃的哲理小品、文笔犀利的杂文短论，以及教育类的书刊杂志，以及众多教育大家的教育专著，你才能站得更高看得更远，你的见解和视野也才能因此而更加开阔。读书滋养了你的底气和灵气，撰写教育随笔时也能得心应手、水到渠成！

我们常常感叹学者们的著作等身、学富五车，我们每每钦羡名师们的妙语连珠、智若泉涌，其实，我们所看到的往往是鲜花的娇艳，却常常忽略了孕育过程的漫长与艰辛。诚如法国启蒙思想家爱尔维修所说：“表示惊讶只需一分钟，要做出惊人的事业却要许多年”。教育亦然。

“不积跬步，无以至千里；不积小流，无以成江海”，荀子如是说。临渊羡鱼，不如退而结网。

把你收获成功的欢乐记下来吧，把你百思不解的困惑记下来吧，把你苦苦思索后的灵光一闪记下来吧，把你对美好未来的无限憧憬记下来吧……只要从这一件件小事做起，只要坚持不懈，我们就一定会写出高质量的教育教学随笔。若干年后，我们也可以成为“大师”！

第五节　跟岗结束时要写跟岗总结

一、跟岗总结的表述

经验总结则是“向自己学习”。跟岗总结从表述方式来看，主要有三种：描述性写法、概括性写法、论述性写法。

描述性写法，即用描述的语言把有意义有价值的做法描述下来，从表达方式方面来说，主要是叙述多，议论少。从总结这方面来说，经历写得多，体验写得少，更多地强调做法。

概括性写法，即用概述性的语言来介绍有意义、有价值的做法，对事件不作具体描述，对事件的分析探究较多。从总结的角度来说，重在突出体验和感受。

论述性写法则用论述性的语言来写，由材料提炼的观点是文章的论点，典型材料做例证，并较多地引用理论论据，较多地强调理论观点，思辨性较强。后面例文三即采用了这种写法。

二、跟岗总结的基本结构

（一）题目

制作一个较有新意能吸引读者的标题，标题最好表明观点，切忌把阶段性总结的标题当作经验总结的标题。

（二）引言

引言的写法有：交待背景或写作目的；概括介绍文章的主要内容或主要观点；介绍文章总结的对象或角度等。总之，要让读者一读开头就能判断是否有阅读参考价值。

（三）正文

围绕观点组织材料，要有典型事例，要有分析研讨，要进行理论概括。这是经验总结的核心，有理有据才能使人信服。

（四）结尾

或归纳出结论；或总结出规律；或亮出自己的见解和主张。如果开头或文中已经表明自己的观点，也可以不写结尾。

（五）附录和参考资料

一些有必要让读者了解而又不便于在文中表述的内容，可以列在文章后面，以附录的形式出现。文中引用了别人的观点未作说明的，可以在文后编号注明。文中参考了别人的观点，并未引原文，可以在文末注明。

三、跟岗总结的结构方式

教育经验总结的结构方式很多，下面作简要介绍。

（一）三段式

三段式指的是开头、正文、结尾，而不是三个自然段。开头部分或介绍基本情况，或概述主要内容，或提出基本观点。正文部分陈述做法、体会。结尾部分或得出结论，或说明效果，或指出不足。也有的正文写做法，结尾写体会。

（二）过程式

过程式是按照教育教学实践的过程，叙述自己的做法和经验体会。一般把过程分为几个阶段，按先后顺序，一边介绍做法，一边分析总结自己的经验体会。

（三）小标题式

小标题式也称作条目式。前言部分概述情况，然后把经验体会总结成几个方面，并标上标题，标题之间按并列关系、主次关系、先后关系或逻辑关系排列，然后各部分介绍做法，谈体会。如果分开的几个部分没有标标题，则可以只标上一、二、三、四的序码，因此，又称为序码式。小标题或序码一般放在每一部分的正中，有序码的小标题也常常放在每部分的开头段空两格的位置。此外，也可序码和标题同时具备。

（四）实验报告式

即用实验报告的结构方法来撰写经验总结，关于实验报告的结构方式请看“教育实验报告”一章。

以上方式可以单独运用，一般情况下是几种结构方式的综合运用。

第五章

谢柏芳校长浙江跟岗学习随笔[①]

随笔一：烟花三月上杭州　西湖一景不曾游

一、印象—西湖

这几天杭州的天气颇有些令人失望，连日阴雨绵绵姑且不说，每每到了晚上，尽管一丝风也没有，却总觉冰风入骨，不寒而颤。

关于杭州的那句天堂之说，古人或说江南美景，今人多说江南佳丽，无非都是美丽。去年老谋子在杭州又导了个“印象—西湖”的演，不知给人印象如何？北大有个湖，旁边有个塔，还有个图书馆，便取名“一塔湖图”，堪称最经典的校园文化。西湖说起来也有白堤苏堤杨公堤之类的堤将西湖分成几个小“湖”，旁边山上也有雷峰塔保俶塔六和塔之类的塔，说起来难怪杭州人爱西湖爱得如此一塌糊涂。而今这天气，我可是冷得一塌糊涂。

于是，待在屋里，寸步不离，面壁而思，真谓“冷静”。白天网

① 谢柏芳，东升中学校长

上，晚上白灯。便将近日搜集有关教育的一些资料整理整理，其中，杜郎口给我留下极深的印象。

二、印象—杜郎口

何谓杜郎口？前面只是卖个关子而已。杜郎口其实是一所中学，一所曾经行将撤并的农村中学，因为教学改革的成功，学校不但没有被撤并，反倒征地扩建，原来不像样的校舍被拔地而起的新教学楼取代，原本60人一个班走剩21人，如今求学者众，原本毫不知名，如今访者上万，媒体竞相报道。

学校的教学设备只有粉笔和黑板；老师当中，大专学历是高的；学生，不用说，是当地农村的子弟，素质好一点的，当然不在其中。校长崔其升，我想，他的名字取得好，“催其升”——学校快快升。也不是什么教育名师名家之类的，但他抓住了教育最朴实的真理——教学教学，教会学生学。刚开始，他提出“10+35”的课堂模式，即一堂45分钟的课10分钟属于教师，35分钟属于学生。要将课堂还给学生。说起来容易做起来难，但他们成功了，再后来，他们的这种做法发展成为现在的“三三六”自主学习模式，即三个特点：立体式、大容量、快节奏。立体式——目标任务三维立体式，任务落实到人、组，学生主体作用充分发挥，集体智慧充分展示。大容量——以教材为基础，拓展、演绎、提升，课堂活动多元，全体参与体验。快节奏——单位时间内，紧扣目标任务，周密安排，师生互动，生生互动，达到预期效果。三大模块：预习——展示——反馈。预习——明确学习目标，生成本课题的重、难点并初步达成目标。展示——展示、交流预习模块的学习成果，进行知识的迁移运用和对感悟进行提炼提升。反馈——反思和总结，对预设的学习目标进行回归性的检测，突出“弱势群体”，让他们说、谈、演、写。“兵教兵”、“兵练兵”、“兵强兵”。六个环节：预习交流、明确目标、分组合作、展示提升、穿插巩固、达标测评。预习交流、明确目标环节——通过学生交流预习情况，明确本节课的学习目标。分组合作——教师口述将任务平均分配到小组，一般每组完成一项即可。展示提升——各小组根据组内讨论情况，对本组的学习任务进行讲解、分析。穿插巩固——各小组结合组别展示情况，对本组未能展现的学习任务进行巩固练习。达标测评——教师以试卷、纸条的形式检查学生对学习任务的掌握情况。

课堂开始充满生命的灵动，教学质量开始节节攀升，学校开始远近闻名。

这似曾相识的改革，更早之前在洋思中学也引起广泛关注并取得巨大成功，洋思中学如今已不再是当时的洋思中学了，早就搬迁建新校做地主了。他们共同之处，是让课堂活起来，让学生动起来，把课堂还给学生。

三、印象—东升

东升高中的校徽，是一个小篆“东”字的印章。与“东”一家的字有三个，一个是杳，一个是东，一个是杲。第一个杳字，杳无音信的杳，从字形上看，“太阳落在树木之下”，天黑了，什么也看不到了；第三个杲（与搞同音）字，“太阳升到树木之上”，大白天的，亮堂堂；第二个东字，“太阳升到树木中间”，太阳刚升起来，阳光喷薄向上。梁启超有《少年中国说》，文中有道：“红日初升，其道大光”，“前途似海，来日方长”。一个东字，按宋丹丹所言：寓意相当的好！“东升高中”的名字似乎不亚于“崔其升”的名字！我们已经升了起来，而且是刚刚升起来，抓住机遇，我们“前途似海，来日方长”——此东升之印象也。

所谓教育理念，多着哩！说来说去，教育的本质还是培养学生，学生学到东西就是最先进的理念。所谓教育名师名家，能让学生学会学习，让学生学到掌握本领的本领，这就是名师。没有那么多花里胡哨的东西折来腾去，雾雾悬悬。课堂教学是最根本的，也是最实在的，每天学一点就是一点，总比一点都学不到以致不愿意再学为好。

一日三餐不要求什么鲍参鱼翅，燕窝熊掌，也不需要什么“满汉全席”之类的，五谷杂粮，青蔬鱼肉，这才是长身体的根本。不要求一天吃出个大胖子，也不要想一年就可以会嫦娥，扎扎实实的教，一步一步的改。有问题是正常的，不要一出问题就全盘否认，满口责难，也不要一出问题就打道回府，走回老路，出现了问题其实就预示了改进的方向。做一件事情，一要有目标方向，二要持之以恒。很多人不成功，不是没有目标或方向，最根本的是没有坚持！

东升高中从1999年至今，2005年上市一级，2006年上省一级，N年后上国家示范。我不是追星一族，但我也追星，我的BALL鞋基本上是李宁牌，国产名牌！缘自不知哪一届奥运会，李宁已不再是“体操王子”，却坐在了裁判席上，运动员比赛完了，裁判打分出现了争议或者是问题，镜头中出现了李宁，他用我认为非常流利的鬼话（英语）很严肃地反驳着一位洋大人，真的够威风，长志气！多少年来，我们就没有人在这样关键的位置说话，李宁就是英雄，就是偶像！之后，李宁牌运动服装一次次在奥运会上亮相，我们拿金牌也不用再穿阿迪打死，再后来，“一切皆有可能！”成为李宁运动服装的口号，让人平增不少自信和勇气！是的，废话这么多，无非一句话：一切皆有可能！在高考场上，我们何曾占过什么优势，我们何曾不是苦苦挣扎？但是，100%不是随便写的，411也不是随便报的，一切因你我的努力和执著而成为了可能！

东升高中的设备不如重点中学，但每人一台电脑每间课室有多媒体，这比杜郎口好到天上去了；我们的教师很年轻，没有什么名师名家，但我们个个都是本科，老底还是相当好的；我们的学生生源太差了，但数量充足，古灵精怪个个有门道，不可小看，起码，这几年我们也培养了不少上重点大学的，也有像肖红、吴显明这些享誉一方的优秀大学生吧！没得说，干，可能成功可能不成功，不干，肯定失败！

我们现在主导的课堂教学改革，名曰“主体、激活、互动”，目前也不要追究太多文字、名号的问题，起码，思路还是一致的。主体，当然就是以学生为主体，要突出主体，让学生成为课堂的主人；激活，就是把课堂搞活，教师要想办法去激活课堂；互动，想当然便是师生互动，生生互动，让学生动起来！总体而言，方向是对的。还是邓小平那句话：迟早都要来的，迟来不如早来！

最后想说的是，学习别人的任何一种经验，关键的是内在的理念，任何一种经验，它都只是方向，而不是方法，只能学习，不能模仿。而在课改过程中，一般要经历这样三个阶段：一是新鲜期，开始感觉新鲜，热情较高。二是反复期，持久了一个阶段，会出现复辟，出现困惑，越改越不知道课怎样上好了，要恢复原来的样子。要勇于挑战，要坚定不移，要善于发现新问题，解决新问题。这样坚持下来，就会迎来光辉灿烂的第三阶段：成功期。（2007 年 3 月 18 日于杭州）

随笔二：江南多才俊　名校竞风流

一、江南印象

三月的杭州，是雨的季节。雨又往往下得不大，细雨绵绵，淅淅沥沥。

此时此地，此情此景，便想起戴望舒的《雨巷》，想到那寂寥的雨巷，颓圮的篱墙，还有那丁香一样的姑娘。不知道雨巷诗人当年写这首诗的时候，是在江南的哪条小巷？

2007 年春晚的《小城雨巷》，唯美动人，在悠扬的丝竹声中，薄薄水雾和着烟雨，顷刻间便把你带到那细雨飘零的江南水乡。

陈逸飞凭油画作品《故乡的回忆》一举成名，周庄等江南水乡也一夜成名。江南水乡多半有小桥流水，还有错落有致白墙青瓦的民居。民居一般有带天井的院子，还有门楼，建筑装饰一般采用极精细的木雕和砖雕，也有书法绘画，纤巧、古雅之余，颇显精致淡雅，院子大的，便栽花种草，造山建亭，闲来茗茶赋诗，围棋书画，其乐融融。

江南出才子，历代多名人，诗书礼仪，遗风犹甚。难怪这里的民居也如此精细、精致和精美。

二、江南名校

初来杭州，倒也不是专来探寻江南遗韵的，我们更需要关注的，是这里的教育。这次跟班学习，我被中山市教育局安排到了杭州二中。

杭州二中是一所全国有名的江南名校，具有江南名校固有的基本特征：历史悠久，是一所百年老校；名人辈出，学校是竺可桢创办的，历届校友名人会集，如陈鹤琴、郁达夫、冯亦代、苏步青、袁篋华、宋君复等，院士也有十多位，而近年来每年向清华、北大、复旦、浙大等著名高校输送的毕业生就达200多人。

我觉得，对一所名校而言，谈她的优异设施、优质生源、优良师资和优美环境其实是没有太大意义的。名校风采所在，除了其深厚的人文底蕴，更重要的是她如何在时代潮流中与时俱进，焕发出百年名校的青春和活力。

这里，有两点特别值得关注：一是传承，二是发展。

说到传承，这里不得不提到前面（江南印象）中的江南民居。件件精品，源自三精——精细、精致、精美。而杭州二中，同样也通过“三精”捍卫着名校的辉煌。

这里的“三精”，便是学校管理精细化、课堂教学精致化、校园文化精美化。这其实也是江南一带精品学校的普遍追求。

学校管理精细化

就是对现行的学校管理制度进行重建，将管理的触角延伸到学校工作的每一个细节中去，尊重教师的个体需求，关注学生自主发展，把管理从管束转化为引导，将科学精神与人文关怀融入到学校全面管理的全过程中去，最终实现现代学校的精细化管理。当然，精细化管理是非常关注人文性的。杭州二中周一的升旗仪式是一周中的大事，相当于每周例行的晨会，7：20开始，内容也相当丰富，原则上要求全体教职员工参加，但有一条，如果确实有困难，可以提出不能出席的申请，我见过学校的公告，列出了不能参加升旗仪式的教师名单及原因，多是离校较远又需接送小孩上学放学的。学校的食堂是承包的，饭堂门口列出了服务承诺，细致到是否有一张桌子没有抹干净，或者饭菜当中出现沙粒等，凡是情况属实，举报者便可得到奖励。学校提倡学生自主学习，晚上共有五节自习课，学校配有专门的答疑室，值班教师一般就在答疑室里等候，一般每科有一人，每天公布名单，跟我住在一栋宿舍楼的几位年青教师，尽管未必安排有答疑，却天天晚上坚持留守在办公室，表明学校精细化管理下不失宽松管理氛围，教师的自觉性和主动性依然得到有效的发扬。

课堂教学精致化

杭州二中每天七节课，下午另有两节自主发展课程（选修课），每周除体育课2节外，还有专门的体育锻炼课2节，音乐、美术欣赏共2节，每节课40分钟，周六、日不上课。跟我们那边相比，真正用于文化基础课的时间其实非常少，但成绩却如此突出！除去生源素质问题不讲，我想有两点非常重要，一是课堂教学，二是学生自主学习。学生晚自习共有五节课，学校非常注重学生的自主学习能力的培养，这样有助于学生自主消化和提高，可以真正培养学生“掌握掌握本领的本领”，此其一；其二，课堂教学尤为关键，杭州二中名师云集自不用说，那么，百年老校的教师平均年龄会是多少呢？35岁，不可思议的年轻！在一次高三备考会议上，叶翠微校长讲到，要确保我们的课堂教学“零缺憾”，由此可以想象，课堂教学将何等的精致和高效。那么，杭州二中的课堂是怎样一个课堂？他们认为，理想化的课堂要看三点：目标达成度、时间利用率和学生的参与度，同时，要注重四个关注，即关注学生的心理，让学生在接受知识时有一个积极的心态；关注学生的自由，要给学生一种精神的自由，上课不感觉心累；关注学生的互动，在学生和学生、学生和老师、老师和学生一种多元、互动的背景下，老师对着学生、学生离不开老师；关注学生的体验，让学生自身真切地投身于发现问题、提出问题、解决问题的体验之中，让学生真正有所感、有所悟、有所做。在这一前提下，学校鼓励教师富有个性的教学，让每堂课都具有某位教师的“特质”，学生一天下来，思维始终是活跃而生动的。总的课时是少了，但课的质量要求很高，这既是社会发展对教育的要求，也是对学生个性化学习成长提出的挑战。实际上要求我们教师的教学钻研要精深，教材把握二度开发要精致，对学生个体的了解要精细，使教学的过程和教学活动的组织更为科学艺术。

校园文化精美化

杭州二中现有四个校区，五类办学体制。现在校本部属于之江校区，是2000年新建的，原来古朴的老校区已作为分校。现在的校园整体建设不可能跟老校区相比，但其建筑主色调是以暗红辅灰为主，主要建筑也多以曾经在杭州二中任教的名师题字来命名的，如校门口的校名是著名数学家苏步青题写的，背面是竺可桢立下的“立志 努力 为公”的校训，体育馆是以带领刘长春代表中国首次参加奥运会的著名体育教育家宋君复教授命名的，而音乐厅命名则由在民族危亡之际以音乐之声激荡学子赤子之心的袁箴华老师而来。

校园内栽种的主要是桂花、白兰、香樟、青竹，而且大多是校友捐种的。刚来到杭州二中的第一周，恰逢植树节，整个植树活动是由学生环保社组织的，以班级的名义自愿捐种，自立碑记。一周时间，校园里的空地便有序地种上了许多白兰。若干年之后，相信每一棵树都会勾起杭二中学子们对母校的情思。

杭州二中的管理更注重引导和自主。杭州二中学校文化的核心两句话是：思想解放、行为规范。学校在精神层面共同追求的目标是“高（高目标、高境界）、正（树正气、走正道）、实（说实话、做实事）”，要培养“三高”学生：高境界做人，高水平学习，高品质生活。并始终强调“成小事者靠智，成大事者靠德”。叶校长在学校讲得最多的两句话，第一句：“宽松、宽容、宽厚”，第二句：“开明、开放、开化”。“宽松、宽容、宽厚”，是从校长的角度对老师、对学生要做到的三个方面。老师要宽待学生。强化一种校园精神，要把“民主、科学、自由”教给学生。在学校里形成这样一个概念：科学至上、民主至上、自由至上。而围绕这一点，在针对学生管理的一些制度设计方面，杭州二中有这样一个有趣的组织：一是学生维权委员会。通过这个组织让学生自己维护自己的权利，也知道怎样正确维护自己的权利。二是纪律仲裁委员会。学生和学生、学生和老师、学生和学校、学生和社会、学生和家长发生冲突时，交给学生纪律仲裁委员会来处理。三是学生膳食管理委员会。杭州二中的学生食堂由杭州某后勤公司承包，饭菜的价格、卫生、服务等都由学生来管理。四是学生宿舍管理委员会。在杭州二中本部建立一个二十四小时的全新数据库，一个寝室六个学生，一个寝室可以怎么协调、同一个楼层应该怎么协调、同一个宿舍楼的学生怎么协调，由宿舍办公室管理。通过以上的协调机制，把本应该属于学生的事尽量地让他们自己去把握，老师尽量处在二线上。“开明、开放、开化”。“开明”，就是要以人为本；“开放”，就是要形成一个开放的社会，怎样走出校园、走向社会、走出国门、面对世界；“开化”，怎样得风气之先、唱风气之先。学校首先应该给学生以人性，真正把学生当人看，把老师当人看。要真正体现学校的一种理性，就是人的生长、发展、成长是有规律的；要真正体现一种灵性，因为人毕竟是这个世界上最有智慧的生物，怎样让人的一种锐气、一种豪气、一种大气能够淋漓尽致地上升。围绕“开化”问题，就是要将传统文化进行现代转型，使主流社会公认的一种价值观成为学校教育的一个基本内容。杭州二中认为，学校教育都是从诚信、健康、卫生、公众意识等方面做起并做实了，学生的道德水平就自然会高。当然，杭州二中也有学生不得触及的三条高压线：考试作弊；男女生在公众视野内发生身体的亲密接触；对他人实施人身或财产的侵害行为。在教师方面，杭州二中向全体教师提出：坚守教师的信念、理想和良知；教师的魅力和功夫在课堂，要守住教师的职业底线；拒绝功利，思想解放，行为规范。并引导教师追求三个指数，即幸福指数、魅力指数、创新指数，其中，就幸福指数而言，健康第一，家庭第二，事业第三；魅力指数主要看教师是否有独立的人格、团队精神和学习意识。叶校长曾举过一个例子，一位老师开会总是迟到，而且一进会堂总是习惯性地停一下并向整个会场看一遍，然后再找位置坐下，叶校长并不会批评他，因为他觉得，这位老师一到课堂就精神，看到学生就起劲，成绩就是好，这样的老师具有一种不可替代性，有其独特的个人魅力；至于创新，不用说，就是不要吃老本，时刻要超越自我，不断学习，不断实现自我增值。叶校长还有一个很有趣的观点：一流学校学生管老师，二流学校校长管老师，三流学校老师管校长。杭州二中对教师的管理就是靠学生，主要通过满意度的调查来进行，3、5、8是三个层次，如果一个班出现8位以上的同学对某位教师不满意，那么，这位教师就可以另谋高就了。

平时，在杭州二中的校园，学生表现得彬彬有礼，三五成群轻声笑语，脸上荡漾出一种发自内心的从容与自信、快乐与幸福，真恨不得哪一天，他们就是自己的学生。学校的老师，也有相当一部分非常年轻的老师，平时碰个面聊个天，也总是微笑着，说话不紧不慢，非常宁静的感觉，真恨不得哪一天，我跟他们做同事！

——接下来谈到发展，或许要从叶翠微校长身上去找答案。

三、江南名校长

叶校长是湖北洪湖人，曾在沙市做过生物教研员，2000年以前曾在广西北海任教委副主任兼北海中学校长。在北海中学，叶校长上任后曾创造了北海中学高考的奇迹和辉煌，在当地享有盛誉，2000年来到杭州竞聘校长，在300多位各路英雄中脱颖而出，被委任为杭州二中这所浙江省顶级的百年老校的校长。江南地域，人文荟萃，名师云集，真难想象一位外地校长是如何立足并有今天的成功的。

叶校长挺高大的，笑起来偶尔有点像周润发的感觉，穿着很随和，经常是穿牛仔裤和便服，西装革履的形象似不多见，说话的时候声音挺大，似乎总带有笑意，让人感觉比较平和。刚到杭州二中时，叶校长刚刚被评为“杭州市2006年双十佳创业新星”，之前，叶校长还被评为2006年中国十大人气校长，对了，叶校长还是国内校长队伍中为数不多的在读博士，师从戚业国教授。

说起杭州市2006年双十佳创业新星，我想，这跟叶校长担任杭州二中校长五六年间，在巩固原来办学质量并有新突破的同时，通过办学体制的创新，将一所百年名校的发展空间不断拓展和深化是有直接联系的。

杭州二中是一所百年名校。在叶校长看来，这是一种极好的资源，绝不能轻易丢弃。于是，在杭州二中迁址后，2001年，首先将老校园创办了二中分校，学校以资产国有、法人独立、民营机制、品牌共享为特征；2002年6月，出于对外籍人员在杭州的不断增多，外籍人士的子女就读问题急需解决的考虑，杭州二中又迈出了新的步伐：成立国际部。学校以法人独立、自主经营为特点，采用原汁原味的美国式教育，这也是浙江省中外合作办学的第一个平台；2003年6月，杭州二中树兰实验学校创办，这是“名校+民校”的办学模式；2004年11月，杭州二中教育集团成立；2005年4月，杭州二中又与滨江区教育局合作创建了九年一贯制的江南实验学校，创立了“名校+新校”的办学模式。

对于杭州二中如此规模的扩展和延伸，很多人曾担心质量的问题，谈到“牛奶会不会被稀释”的话题，叶翠微有自己的见解：就杭州二中的实践看，牛奶没有被稀释。组建名校集团后，多体制的互动产生的不仅是物理反应，更是化学反应。5年来，杭州二中引进特级教师5人，高级教师42人。目前教师队伍中博士1人，在读博士2

人，硕士近20人，完成研究生课程班学习的教师达80余人。2006年高考，杭州二中依然高歌猛进，龙头地位依然故我，而2006年初中升高中全杭州录取分数线也依然是杭州二中第一，比另外两所同一级别的名校都高出12分，说明群众也是认可的。

这确实是大手笔，大气魄！

叶校长说自己是一个讲浪漫情怀的人，他认为，当校长本来就需要一种浪漫情怀，这也是中国教育一线工作者需要的独特情怀。在当今经济主导社会、物质利益左右人们的背景下，校长保持了这份情怀，或许才能够远离各种诱惑，才能在个人发展的同时又胸怀利他主义。自己曾经遇到过很多的诱惑，可以去当官员，可以去做商人，也可以成为一个教育研究者，但自己感觉除了当校长，其他职业都不能淋漓尽致地发挥自己的心智特点。

我想，做校长，何时才会有这样一种“浪漫情怀”？又岂是这样一个“浪漫情怀”所轻描淡写而去？（2007年3月25日 于杭州）

随笔三：漂亮的高考成绩是这样“炼”成的

我既然来到了杭州，我还是要关心跟学校发展相关的一切，特别是特色教育方面。在网上无意中浏览到当地报纸在前年高考后一篇题为《漂亮的高考成绩是这样“炼”成的》的文章，其中谈到了杭州七中的美术，其成绩竟是如此的惊人。而去年，该校单是考取中国美术学院的学生就有100多人，美术特色班本科率是100%，重点大学录取率则达85%以上。到2011年，一个更惊人的消息被我留意到，中国美术学院2007年招生考试有16个专业第一名是出自杭州七中，而前十名出自杭州七中的更达59人次，上中国美术学院术科合格线的就达80%以上。须知，在2010年，杭州七中在中国美术学院有6个专业第一就已经够轰动了。

我决计要探寻杭州七中美术高考漂亮的成绩是如何“炼”出来的？我联系过杭州二中唯一的美术老师傅老师，但她跟七中联系并不多，后来找了几位主任，也是如此，再找主管德育的何东涛副校长，她说，你找对人了！我说，太好了！她又说，我不是你要找的人，你要找的是张校长，杭州七中的楼校长是她先生——那真是太妙了！张慧慧副校长是主管教学工作的，她也非常热情，随即便跟楼校长打了电话，并让我自己再跟楼校长具体谈谈——一切都是那样的顺利！所以，我有时也会想，事情总是有机缘的。

我和四位美术老师是在4月20日星期五上午去杭州七中参观学习的。学校的门口就是街道，看起来校园也不大，校门口挂了不少的牌子，其中一块最让人羡慕，便是“清华大学美术学院优秀生源基地”。一楼大厅的电子屏幕上，显示着“热烈欢迎中山市东升镇高级中学的领导和美术老师到校交流指导”的欢迎词，千里之外过来，在杭州七中看到东升高中的字样，我心里还是有一丝丝的兴奋和激动！

杭州七中有两个校区，一个是普通班所在校区，另一个便是美术班校区。我们去的自然是美术班校区。接待我们的是办公室周主任，还有总务处的吴主任，美术教研组的组长郑老师，本届高三的汪老师和蔡老师。楼校长去了杭州城郊的长河镇，亲自巡视高二年级在那里进行为期一周的校外写生活动。

据介绍，杭州七中从1993年开始以“学校规范加特色、学生合格加特长”的办学思想走特色办学之路，美术特色教育已在全省乃至全国享有盛誉，2003年被教育部授予了“社会公认特色办学成功学校”的荣誉称号。学校现有美术专业教师36名，美术专用教室36间，还有展览厅1个，在校美术学生900多人。实行大班上文化，小班上专业，个人承包，一管三年的有效竞争机制，专业教师每人带一个小班共30人，并有自己专门的画室，上午上文化课，下午都上专业课。学校制订了严格的美术专业教学计划，计划通过教研组统一修订并严格执行，课程按几何体、静物、石膏像、人头像、创作设计等流程设计，要求高二结束全部课程，高三进行系统的高考专项训练，学生一律在校学习，绝不参加校外画室的培训。学校每月进行一次各年级的专业考试，每次考试由教研组按高考模式统一命题，统一测试，统一评卷，统一评分，并对测试成绩进行详细分析，相互对比，学生与学生，教师与教师，班级与班级之间的有效竞争非常激烈，个别成绩不理想的教师，将无缘继续再上高三。学校每年举办学生美术作品展，教师美术作品展，每年组织学生到校外进行一次为期一周的户外写生，教师也有一年一度的外出写生创作安排，并举行三年一次的教师美术创作作品展。学生美术作品水平很高，并在中国美术学院举办了三届杭州七中学生美术作品展，出版了《中国中学生美术教育作品集——浙江杭州第七中学篇》。同时，杭州七中还定期为专业教师举办个人画展，其中，2003 年 11 月，美术特级教师陈可久的个人画展就办到了阿根廷首都布宜诺斯艾利斯。此外，学校也非常注重引进高水平画展到校，包括 2004 年 5 月阿根廷艺术家莫尼卡、多米妮克作品展，2005 年 8 月韩国艺术家李美淑的个人画展等。通过各类画展，既激发学生兴趣和教师的激情，同时也开拓师生的艺术视野，增进各方的了解和交流，从更深层次提升师生对艺术的美好追求。

由于下午我要去机场接教育局的领导，我们没能进入杭州七中的美术课堂，这多少有点遗憾，这个遗憾，可能就要在接下来的考察中从上海市逸夫职业技术学校去弥补了。但是，通过杭州七中考察，我们已大概在感性上理解到杭州七中漂亮的高考成绩是这样“炼”成的，我的心中也已初步勾勒出一幅东升高中未来美术特色教育发展的速写图了。(2007 年 4 月 22 日 于杭州)

随笔四：变化也是一种美

一、人生何必太匆匆

26 日一早，送走四位高三美术老师，我独自一个人沿着万航渡路赶去静安寺地铁站，然后在中山公园站由 3 号线转乘 2 号线赶往上海南站。

地铁，在我的心目中，永远就是一个“赶”字。就连地铁站的文字，大多也赶成了精练的几个数字或者是箭头标志。地铁很快，几分钟就有一趟到站，带着特有的轨道声和一股特有的凉风，呼啸而来呼啸而去。上海的早晨，赶地铁的人，总是塞满了每一个地铁站，来来往往的人，一概的行色匆匆，到了上下楼梯的地方，无序的人流便瞬间变成有序的两列，上上下下，站在自动扶梯上的人，似乎镇定了许多，走在梯道上的人，则更显得行色匆匆了。此时的我，心里更添一份陌生的感觉，就是那种陌生人来到陌生的地方面对陌生的人的感觉——匆匆是他们的，我什么也没有。

可是，人生何处不匆匆？繁华的上海，对我来说，终究还是一个匆匆过客。人间天堂的杭州，现在对于我而言，或许可以久久地坐在西湖边上，享受一份特有的宁静，然而，在我的人生旅途当中，这又何尝不是匆匆一瞬。

上回去苏州，我原本打算是要看看寒山寺的，由于时间的问题，便又匆匆而来，匆匆而去，心中泛起的一丝憾意，至今似乎还留着。之所以想去寒山寺，无非就是为了张继那首《枫桥夜泊》，而寒山寺之所以名闻天下，无非也是因为诗句中出现“姑苏城外寒山寺，夜半钟声到客船”。张继的诗很少，在唐代诗人当中，基本上也是排不上号的，然而，唯独这首《枫桥夜泊》，不仅流传至今，而且成就了小小的寒山寺。据说张继当年赴京赶考不第，失意而归，行舟客旅枫桥下，面对“月落乌啼霜满天”，只能“江风渔火对愁眠”，而此情此景，又让人如何能“眠”？寒山寺的夜半钟声此时就更显孤寂了。如果没有这不经意的失意之旅，张继恐也难为后人所知了。

回到杭州，在网上看到了王宏推荐丘侃老师的一篇哲理美文——《读书与历练后，我怎样做老师》，讲述了丘老师寒假里从梧州骑自行车历经16小时160公里到肇庆的经历，期间虽然没有惊天动地的大事，但他的心灵，却应该是经受了惊天动地的洗礼——至少我是这样认为的。我与丘老师不能说素未谋面，但至少可能也是不太相识的，我也不敢妄自评价与推测，但我可以肯定一点，这次经历，他是一辈子也难以忘怀的。

我在想，一个人的一生，其实的确是很短暂的，人生来就是为了死去，但又不能一生下来就死去，无非就是希望冥冥生命中，至少有自己认为是绚丽的一刻，就如蝴蝶的凄美，也就在那么短暂的尽情的飞舞中，绽放出生命最绚丽的精彩。

人生何处不匆匆？人生何必太匆匆？用心品味生活中的点点滴滴，生命总会绽放最绚丽的精彩！

二、变化也是一种美

4月24日，星期二，我和四位美术老师来到了逸夫职校静安分部。说起来，我算是“故地重游”了。2005年11月，中山市“中学优质化工程”给了我参观逸夫职校的机会，当时，其美术特色在规模和质量上给我带来的冲击和震撼是非常大的。此行，我希望我们一线的美术教师，能够通过亲身的体验和感受，坚定特色办学的思想和决心，并且找到适合自己的特色之路。

逸夫职校是一个教育集团，共有三个校区，其中，美术班主要集中在华山和静安两个分部，学校在校学生有4 000多人，其中，美术生占了2 000多人，专业美术教师也有56人。

张建平校长是静安区的名校长，也是当地美术届的前辈，而董文良副校长曾是当地美术教研员，上任三年，大力推进美术课堂教学和教师评价制度的改革，这几年在生源激剧下降和萎缩的情况下，美术高考成绩却不断攀升，牢牢捍卫着逸夫职校美术专业在上海市龙头老大的地位。

我们来到学校之后，张校长和董校长非常热情地接待了我们。张校长是一位很有学者风范的人，五十多岁了，由于腰椎不好，他不坐软沙发，径自坐在两个沙发间的茶几上，倒给人一种很特别的感觉，谈起美术更是神采飞扬起来。他说，如果一位美术教师一年里没有一幅个人创作的作品，表明他这一年里对自己的专业是没有什么思考的，那么，这一年他是废了的，这样再过几年，这个美术老师也基本上是废了。他的这一观点，深深触动到我的内心。我们此行原计划是上周一开始的，由于学校正进行自主招生的测试，结果行程推迟了一周。没有想到，周一、周二又恰逢中段考，所以时间安排上又推迟了一天，我校老师在逸夫上课的计划也不得不搁置了，对此，张校长使劲的讲对不起，倒让我们心中过意不去，毕竟，我们的到来，已经给他们添了太多的麻烦了。而接下来的两天时间里，平日里就很忙的董校长更是全天候地陪同，跑上跑下，车来车往，着实令人感动。

第一天上午，我们参观了在逸夫职校地下展厅展出的上海市职校师生美术作品展，领略了上海美术教育的整体风采，随后参观了学校的美术设施，惊叹于逸夫职校的专业精神和精细化管理；下午，我们观看了学校的教学纪录片和学生设计作品展的纪录片，为学生的精妙构思和执著的追求所感动。第二天，上午观摩了两节专业课，一节是速写，另一节是素描；下午则到华山分部观摩了一位年轻教师的色彩课，随后进行了教学交流。这一天，相信是我们最有收获的一天。整个行程下来，如果问我最深刻的感受，我会说：变化也是一种美！

镜头一：T恤衫上作画

我们曾经在一些旅游点的小摊上，看到艺人将当地的风景、人物，甚至是文字、符号画在T恤衫上，价格自然因此而抬高了，而T恤衫也好卖了。这次在逸夫职校的一个设计作品展记录片中，我们同样看到了学生在T恤衫上作画展出的情景，还看到在滑板车滑板上作画、在鞋子上涂鸦的有趣场面。试想一想，当同学们穿上自己创作设计的个性T恤衫，那当是何种的自豪和神气，而再想象一下，他们在作画的过程中，该是何等投入和认真，毕竟，作品的亮相是要赢得眼球，赢得其他同学艳羡眼光的。现在的高三（6）班，不也曾经在体育周中“展出”他们类似的T恤衫吗？看其他同学羡慕的眼神和窃窃私语时的神态，美死高三（6）班了！我们的教学，如果能让学生的兴趣调动起来，他们会乐此不疲，还需要老师去督促吗？美术工具、材质的变化，往往会引起学生莫大的好奇和天生的冲动，积极性和创造力将不可估量。我记得广技的实习生在教学生蜡染的时候，学生放学之后仍在画室作画的场景，这不应该只是留在我心中的一瞬。

镜头二：名星素描组合图

展厅里有一幅学生素描作品，是三个人头像的组合，正中一位是NBA篮球明星，右边一位应该也是明星吧（我不太认识），左边一位就不知道何方神圣了。我们都说学生追星不好，要引导，但如果引导学生去画他们心目中的名星，管它是体育明星还是影视名星。歌星，或者蜡笔小“星”，只要他愿意画，总会比画枯燥单一的石膏或静物更来劲些的，技能总是在不断练习的过程中形成的，关键是过程中心情愉悦，有思考，专注，学生自然会有长进的。一个明星不够，两个、三个总可以的嘛，而且还可以让学生考虑上构图的问题。我还看到一幅石膏人头像的素描组合，同样与单幅的有着不同的韵味。还有一位同学，画的是一幅全开的自画像，是水粉画，学生不都讲张扬个性吗？你就自己摆造型做表情，让同学们自己去拍，然后自己去画，总不会把自己画成别人吧！

镜头三：考场搬到学校外

在华山分部，听中国美院毕业才三年的俞老师上色彩课，先是讲评试卷，教师点评，学生评点，这姑且不说，单说同学们的试卷，内容就丰富多了。有破旧的厨房，有大门紧闭的工厂门口，还有温馨恬静的鲜花静物，还有金茂大厦远处的民工房等。据说这是中段考的卷子，考试时间三周，开放式选题，学生可以通过各种途径和手段去选景，再讨论，定构图，定基调，再具体绘画，中途师生多次讨论、修改，名其为中段考，实际上是一个任务驱动，结果固然重要，而过程则更显精彩了，而且，学生兴致盎然于始终，效果远好过闭门而考的三小时。

镜头四：户外写生画两周

逸夫职校每年都要组织为期两周的户外写生，吃住都在郊外或者更远的地方，要求每人上交 20 幅作品，老师也要交起码 5 幅作品，回来后便进行一次户外写生作品展。上海教育非常规范，家长的法律意识也很强，户外写生可能出现的安全问题，是学校领导非常关注的问题，曾经也出现过食物中毒的事件，但学校还是坚持这样走下去，毕竟，绘画是不能仅限于画室之内的。于学生而言，参与的积极性是极高的，也是每年都期盼的，就像我们的学生渴望春游秋游一样，集体远足自当别有情趣，不失为高中生活美好回忆的浓抹重笔。而就美术生而言，这两周时间，在郊外，思想、技法、风格都是得到很大提升的重要时刻，也会为他们将来回到学校的学习增添内动力。我们学校本身就在农村，其资源得天独厚，我们怎就如此轻意地放弃了呢？关在画室里，天天围着高考转，其实，于美术而言，是闭门造车，对一个人终身艺术发展是很不利的。

镜头五：美术课堂也不简单

在我们学校，大凡体育、艺术的老师参加学校教学比赛，似乎就没有拿过好名次的，这似乎多少有点打消积极性的味道。不过退一步想，也许我们的体育、艺术课真的没有文化课上得好？在逸夫职校听了三节课，我们才发现，专业美术课也可以如此精彩！第一节是高一年级的速写课，是速写的第一课，没想到老师一开始就让学生自己画速写了，学生自然按自己的一些想法硬画，结果自然会出现各种各样的效果，接下来便是教师对学生作品的讲评，一下子便看出初学者的问题集中点了，然后结合问题所在穿插讲解速写的要领，这比一上课就讲终究还是高明得多！接下来再进行范画，让学生通过观摩去感悟，最后便是学生练习，教师个别辅导。第二节是素描，讲的是整体与结构，其中最生动的一点，是有关线条前后关系的问题。教师随意在黑板上画了四条线，然后让同学们判断这四条线在视觉效果中的远近排列。对于我们这些外行来讲，真不知道如何判断出个远近来，让学生去判断，结果自然也是不知所然，天才晓得，随便四条线还能分远近！然后，张老师让学生想象一下，将线条无限放大，始于线条交叉的地方再无限延伸，然后便知两条线之间，近的在上，远的在下，如此往后推。这样，学生在处理结构时就不会乱了。我们的老师一致评价是：复杂问题简单化——超高！第三节色彩课，除了讲评中段考试卷，还讲授有关色彩的专业知识，讲得挺深入的，最后是让学生练习。老师让学生分成两组，自选静物并摆放，选什么静物、衬布，如何布局，光如何打，这其实也很考验学生的，当中涉及构图的问题，还有实际绘画难易的问题，但毕竟是学生自己摆的，构图好坏，作画难易都自认了。其实，这已经调动起学生的积极性了。据俞老师介绍，他们时不时会穿插安排学生摆放静物，难怪学生如此老练。后来据送我们的盛老师介绍，今天上课的三位老师，一位是速写王王松，一位是色彩王张磊，都是学校专业比赛公认的高手，俞老师是中国美院的高才生，是典型的青年学院派风格。盛老师自己也是中国美院刚毕业的，由于专业与基础教学有一定区别，他只上一些基础课，大多数的时间是听课。逸夫职校的学生一般不会去校外的高考培训画室，只在考前三周在校集中训练。根本的一点，是他们自身教师的整体水平和力量，已足以让学生应付好高考了。反之，校外的画室，多半也是请逸夫职校的老师去兼职。因此，高水平的教师就有高水平的课堂，高水平的课堂决定了高质量的输出。

两天的观摩学习，让我们有一个判断，逸夫职校学生的文化基础、行为习惯跟当地重点中学相比是有一定距离的，较于我们，我们的学生还是相当淳朴的，但逸夫职校有今天的规模和成绩，我们应该看到希望。希望在哪里？希望在课堂！还在于课堂的延伸。我们需要有变化的课堂，能够吸引学生、激发学生兴趣的大课堂。

三、后记

在上海行程即将结束的当晚，中远实验学校的杨安澜老校长亲自开车来接我们共进晚餐，餐毕还亲自陪我们到浦东，领略上海外滩、东方明珠在夜色中灯火斑斓的迷人风采，最后又送我们回到酒店。这就是一位年近古稀，在上海乃至全国享有盛誉的老校长，在他的身上，我们年轻后辈要学的东西实在太多！其间，杨校长还惦记着董卜毓老师，还有八江老师，我也只能通过此文代传一声问候和祝福了。事实上，整个上海的行程，事前也是通过杨校长进行沟通接洽的，我们不虚此行，唯有以更大的努力，把我们的学校办得更有色有声而又独具特色，让杨校长下次再来到东升高中的时候，慈祥的笑脸更加迷人。(2007 年 4 月 29 日 于杭州)

随笔五：自主学习为中心的课堂

杭州二中是全国名校，在杭州拥有顶尖的学生，还有顶级的教师，当然，还有顶好的校长。这也许是一所非普通学校可以比拟和效仿的学校。然而，课堂还是一样的。

五一期间，杭州二中加上春假，一共放了十天假。平时，一周上五天课，每天上七节。来这里参观学习的教育同行很多，他们甚至不相信是真的，知道我是在这里挂职学习的老师，便当我是自家人，让我告诉他们“真相”，我只能告诉他们，你们听到的就是我所看到的。而且，这里的家长，对杭州二中99%的满意，有1%的不满意，就是双休日不补课。

我也在想，一个星期下来，一般科目真正能够用上的课时，最多也不超过4节，这课该是怎样上呢？而且，他们一节课才40分钟。带着这些疑惑，我走进了杭州二中的课堂。

杭州二中拥有十多位特级教师，而青年教师也不少，他（她）们在各个层次的教学比赛中，都有非常不俗的表现。我听他（她）们的课，但不评课，一来，我不善于评课；二来，我不希望给对方带来额外的负担或者压力，我只是想通过他们平时给学生的“粗茶淡饭”中感悟到自己需要的东西。

刘向东老师是学校行政副校长，物理特级教师，应该40多岁吧，也留了个小平头，给我感觉人非常实在。听了他的《全反射》一课，先是做了一个演示实验，激光通过半圆形的透镜，逐渐改变入射角，直到折射光线消失，只有反射光线。由此引入新课。复习反射定律及公式，再由这个公式引出全反射的条件，历史上牛顿与惠更斯在光的反射问题上的争论，以及全反射在日常生活中的应用，最后是课堂练习——“通过镜子看到对方的眼，对方能否看到自己的眼”等三道题。

这节课给我印象深刻的有两点：一是严谨，不但教师严谨，而且学生回答问题也表现出非常严谨，用词非常规范、准确；二是思维拓展，点到为止。如上面那道练习，学生回答：照到对方眼睛的光，通过平面镜反射到自己的眼睛，自己的眼睛就看到了对方的眼睛，而反射光路是可逆的，对方的眼睛同样可以看到自己的眼睛。老师再问，根据光的可逆性，是不是你看到对方的眼睛，对方一定看到你的眼睛呢？——这还跟双方所处环境光源明暗有关，在黑暗中的人可以看到在光亮中的人，但反过来就不一定。而在引入到牛顿与惠更斯的争论时，我觉得通过史实回放科学探索的过程方面已经是非常棒了，而刘老师最后提到一点，谬论跨出一小步可能就是真理，而真理再跨出一小步也成了谬论。科学研究既需要勇气，也需要坚持。这对将来很有可能从事科学研究的杭二中学生来讲，意义就更深远了。纵观整堂课，教师不断通过问题引导学生思维，而学生也非常活跃，当然，是思维的活跃，不是课堂组织形式的活跃。这里的学生不愧是顶级学生，一般的老师恐怕是驾驭不了的。

有时候，我们会鼓励年轻的教师，面对基础不好的学生，要多想办法，如果这样的学生教好了，给你基础好的学生，你不就教得更好了吗？现在回过头来想想，其实也并不都对，因为基础好的学生，他们提升的高度要更高，对教师的要求同样也更高。一句话，不同的学生有不同的教法，同样的学生也有不同的教法，这就看我们老师的水平发挥了。

那么，杭州二中推崇的课堂教学是怎样的呢？

杭州二中关于学生、教师、学校自主发展的实践与研究已开展了很多年，他们提出“整合式自主发展”的思想，体现在课堂教学上是学生自主学习为中心的课堂教学模式。

这一模式将“教师课堂教学管理”、“指导学生自主学习”、“促进学生的自主发展”三个核心理念糅合于课堂教学框架结构中，而基于此理念并体现学生“自主学习”和“自主发展”特点的课堂教学设计的核心是“自主·合作·探究”。其框架结构示意图如下：

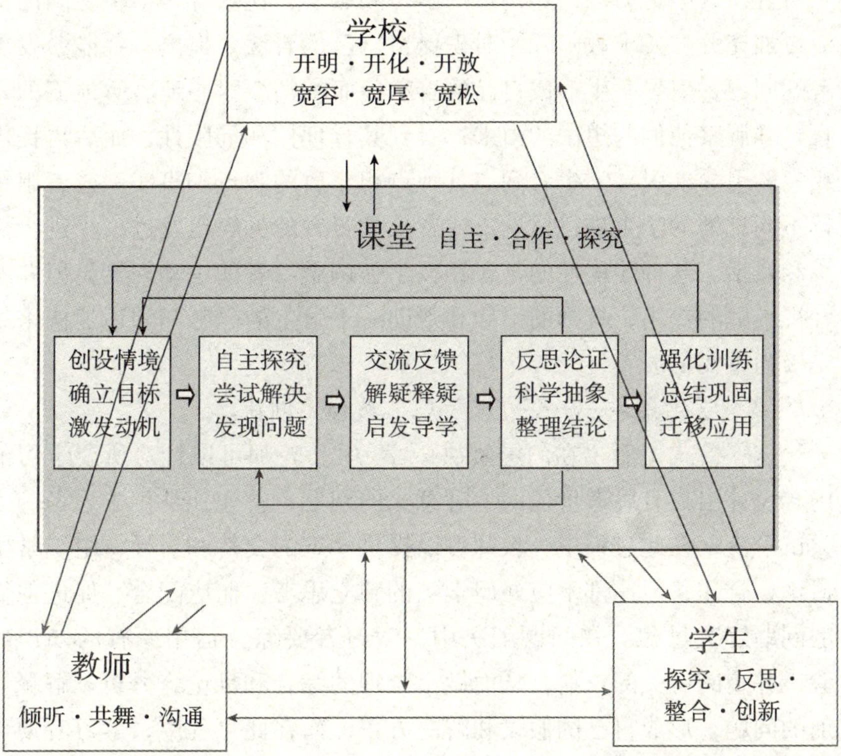

（1）学校角色——三开三宽（开明·开化·开放与宽容·宽厚·宽松）。

这种模式是基于杭州二中“开明、开化、开放，宽容、宽厚、宽松”的办学理念，同时又在总体运作中促进了这一理念的发展和升华。强调教师课堂教学管理、指导学生自主学习、促进学生的自主发展三者融合，形成学研共同体，以利于培养学生的自主学习、合作探究、激发学生的创新精神，并帮助教师的专业成长，敦促教师在学生不断提出新问题的情景下，学习、探索，提高自身的专业水平，以更好地满足学生的需求。

（2）教师角色——倾听·共舞·沟通。

杭州二中努力创设建构性的学习和教学，让教师—学生之间的交流更加充分。要求教师开始时先保留自己的看法，提出一些能激发思考的问题，引导学生形成自己的看法，而教师会耐心地聆听他们的发言，并洞察他们的想法的由来，看到其合理性和局限性，而后再提供相应的引导，引导学生看到与其观点相矛盾的观点和事实，或者组织持不同见解的学生进行讨论，或者从学习者的见解出发进一步进行提炼和概括。这种建构性的学习和教学强调学习者的主动探索，但并不轻视教师的作用，教师的引导和帮助对于学生的思考和知识建构来说是极为重要的。

（3）学生角色——探究·反思·整合·创新。

这一模式提倡“在问题解决中学习”。教师可以针对所要学习的内容设计出具有思考价值的、有意义的问题，首先让学生去思考、去尝试解决，在此过程中，教师可以提供一定的支持和引导，组织学生讨论、合作，但这都不应妨碍学生的独立思考，而应配合、促进他们的问题解决过程。在问题解决中，学习者要综合运用原有的知识经验，并查阅有关的资料，从而做出合理的综合和推论，分析、解释当前的问题，形成自己的假设和解决方案，而在此过程中，学习者便可以建构起与此相应的知识经验。在此基础上，教师可以再进行提炼和概括，使得学习者所建构的知识更明确、更系统。这样，学生始终以探究者的身份存在于课堂教学中，在教师作为“顾问”、“促进者”角色的引导与启发下，学生可以采用意义学习和自我评价的学习策略。

那么，具体教学流程的设计又是怎样？参见教学流程设计示意图：

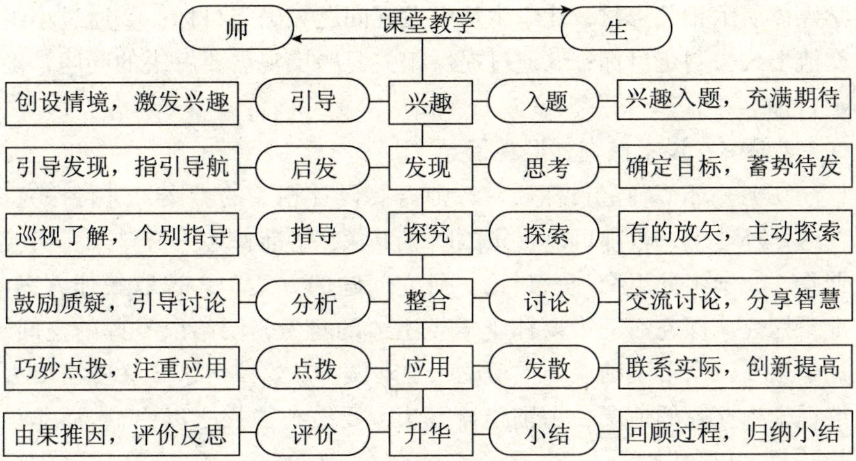

教学流程设计示意图

步骤1：创设情境，激发兴趣

在课堂教学中，情境的设计主要把握有利于激发学生的求知欲，有利于培养学生的探索精神，有利于培养学生的自信心，有利于培养学生的合作精神的原则，主要采用以下几种形式：①衔接式情境，以旧引新，由原有知识的拓展引出新问题创设情境，或者是提供一些相关的背景，然后引导同学进入和本课相应的情境，引发学生的思考和探索；②问题式情境，创设与主题有关的问题，来引发学生思考，让学生产生解决问题的迫切心理；③实验式情境，通过实验创设情境，让学生有比较形象的认知从而产生兴趣；④矛盾式情境，列出一些相互矛盾的现象或者概念，如通过日常生活观念和科学概念的矛盾创设情境，让学生产生浓厚的求知欲和探索欲；⑤猜想式情境，提出相关的猜想创设情境，激发学生的兴趣等。

步骤2：引导发现，指引导航

在学生进入一定的情境产生相关的兴趣时，教师需要做好指引导航的工作。这环节主要是引导学生发现问题，确定目标，蓄势待发。在教学中可通过以下几种方式为学生提供素材来启发学生：①通过教学媒体展示相关素材，让学生从中发现问题，确定目标；②通过小组交流形式去制定目标；③通过提供相关习题反观需要解决的问题，确定目标等。

步骤3：设案探究，巡视指导

在上一环节确定目标后，教师需要设计相关的方案，进行探究。在这一环节中，教师可以首先做以下步骤：①准备相关材料或者实验器具。②学生分组交流、讨论、研究问题的方案。③选取最佳方案，准备探究。探究活动中要体现学生主体的身份，要给以发挥的空间，让学生在课堂上主动谈、主动说、主动做。在这一环节，教师需要去巡视学生探究的情况，个别指导方法，要做到“授之以渔”，而非只是“授之以鱼”。

步骤4：交流合作，整合信息

在教学中要注意让每个学生在探究活动中充分发挥作用，使每个学生都得到机会均等的全面练习，体现学习中的分工与合作。不但要重视书面的表达，也要重视口头的表达，要让每个学生都有充分的机会作口头表达。因此，可以在教学中让学生先在小组内或者同桌间相互对话，可以让学生在组间对话，可以让学生代表在班级范围内发言，而且应该允许学生质疑，引导讨论，加深理解，其中教师也可以创设师与生的对话机会，尽量让更多的人在课堂中锻炼自己。在此基础上，引导学生对探索、交流得到的信息进行归纳整合，而且要指导学生使用规范的书面或者口头语言，使用科学的方式方法。

步骤5：迁移应用，拓宽知识

在上面的环节完成后，学生对内容有了较好的理解，那么如何让学生真正巩固知识，并能够迁移运用就是一个重要环节了。所以教师应该精心设计思考题、练习题，不仅要突出重点、突破难点，而且设计中要从学生的实际出发，根据不同知识水平的学生体现出层次性，低台阶、小坡度，密度适中，同时提供一些创新能力的试题，培养学生的创新思维能力。

步骤6：合理评价，小结升华

教师通过合理评价，让学生品尝成功的愉悦，增强学习信心，发现自己的不足，明确努力的方向，促进他们潜能、个性、创造性的发挥，使每个学生具有自信心和持续发展的能力。课堂评价运用得好，它对于创造学习氛围、调动积极思维、增强克服困难的决心起着不可低估的作用。具体可以有以下的操作方法：①纵向评价。学生本身存在一定的个性差异，所以对于学生老是去横比，这显然不是一个好策略，有时反而会起很大的负面作用。教师应倾听每一位学生的发言，了解他们进步或退步情况，这样会起到针对性的效果；②建议性评价。有时候一些问题我们不能模式性地给以很精确的评价，这样反而使学生模式化，所以，教师有时在面对一些未知领域的探索等问题的时候，如果确实是难以精确评价的，可以允许有多种的理解，给予建议性的评价，来创设一种自由、轻松、开放的探索氛围，激发学生不断探索、发现；③民主评价。是在课堂教学中让学生自我评价、相互评价，教师在学生自评互评中给予点拨启迪，使学生从中受到启发、激励。这有利于发展创造性、独立性和自主性，提高评价自我和接受他人评价的能力。课堂评价要防止一贯用笼统模糊的评价方法，需要对一些具体情况给予相应的评价，这就需要教师在一系列的环节中都要密切关注，用心发现，用心记录，做一个有心人，这样才能避免形式化，起到升华作用。

最后，谈到这一课堂教学模式中教学策略的确定问题。自主学习策略是指为了支持和促进学生有效学习而安排学习环境中各个元素的模式和方法，其核心是要发挥学生学习的主动性、积极性，充分体现学生的认知主体作用。在设计自主学习策略时，主要考虑主、客观两方面因素。客观是指知识内容的特征，它决定学习策略的选择。譬如对于复杂的事物和具有多面性的问题，由于从不同的角度考虑可以得出不同的理解，为克服这方面的弊病，在教学中就要注意对同一教学内容，要在不同的时间、不同的情境下，为达到不同的教学目的，用不同的方式加以呈现。这样学习者可以随意通过不同途径、不同方式进入同样教学内容的学习，从而获得对同一事物或同一问题的多方面的认识与理解，因此，对于此类问题我们采用随机进入学习策略。主观方面则指作为认知主体的学生所具有的认知能力、认知结构和学生的学习风格。学生是认知的主体，学习者的智力因素（知识基础、认知能力和认知结构变量）和非智力因素（兴趣、动机、情感、意志和性格），尤其是与智力因素有关的特征对学习策略的选择至关重要。

那么，如何考虑主、客观因素从而科学合理地进行教学设计？针对学生的心理特征，对学生的教学设计更要注重以知识获取的过程、方法和创新能力的培养为目标。在注重学生认知方面的发展外，同时更应注意学生的情意态度及各方面的培养与辅导。在具体的设计上，主要体现出以下两个方面的特征。

1. 强调教学设计的连贯性

课堂教学创新模式主要分四个阶段进行，这四个阶段不但体现了学生在高中学习时期的一个心理发展递进规律，同时也存在着内在的连贯性。从激发兴趣到巩固情趣，从巩固情趣到确立志趣，再从确立志趣到树立志向，环环相扣，不断将学生推向更高的发展阶段。同时，由于四个阶段培养目标的不断深化，得以使学生在某一学科学习方面始终保持旺盛的兴趣和积极的心态。学生们学习能力的提高，创新能力的培养，科学方法、思想的养成是螺旋式上升的，同时也促进了学生潜能的发展。

2. 融合科学素养和人文素养为一体

课堂教学设计应以全面提高学生的科学素养和人文素养为宗旨。科学素养应包含科学思想、科学态度和科学方法等方面的素养和修养。在教学中渗透科学方法、科学态度和科学思想的教育，不仅让学生领悟、掌握知识，更重要的是让他们掌握学习方法，因此，培养学生的教学过程应更重视知识的获取过程。在这一过程中，使学生初步认识科学探究的过程，学会一些科学的思维程序，能把获得的知识组合成知识体系的规律、方法及运用它们的经验和方法，即获得科学思维。这样，一方面，可有助于学生更加透彻地掌握知识，把握自己的认识过程，增强自己接受新知识的能力，从而提高学习效果；另一方面，科学方法的熏陶也可促进学生科学素养的形成，进而内化成其自身可持续发展的潜力。

所谓人文素养是指做人应具备的基本品质和基本态度。中学人文素质教育就是以人为本，以充分尊重人的主体地位和独立个性为前提，以提高人的综合素质、促进人的全面和谐发展为目标的教育。课堂教学设计也充分渗透人文素养，通过挖掘科学家的人格力量、培养可持续发展的战略思想、重视科学美的育人功能、坚持以人为本的主体性等做法，全面提高学生的人文素养。尤其在理科课堂教学中渗透人文教育，可使学生的学习兴趣、协作精神、环保意识、审美观点等均有不同程度的提高，并可逐步养成良好的学习习惯和树立正确的人生观。总之，课堂教学策略的设计融科学素养和人文素养为一体，在内化教育动力中实现整合，促进学生自主发展。

事实上，杭州二中在促进学生自主发展方面，我觉得是非常成功的，学生表现出的自由、轻松和自信等优秀品质，会让其中每一位老师都自觉不自觉地放下“师道尊严”的架子，为他们现在的、将来的成功踏踏实实地做好铺垫和引导。

当然，除了课堂教学之外，杭州二中在校本课程建设、学生综合实践活动，还有学生社团组织、学生自主管理等方面都有很好的做法和经验，这些且留待以后再谈。因为，我终于感冒了，不是在最冷的时候，而是在最热的季节，衣服穿少了，凉爽的地方，爽了也凉了，但自己却浑然不知。也许，感冒也是有哲理的；而教学的艺术，当然会有更多的哲理。（2007 年 5 月 12 日 于杭州）

随笔六：让思想解放　让精神自由

一、两个校园故事

大家都喜欢听故事，我且先说两个故事，都是关于杭州二中学生的故事。

其一：一篇论文送他上北大

图为张维加在中国第六届小小科学家颁奖典礼上答记者问

上周，学生宿舍宣传栏又更新了，放上了近两年（当然也包括今年）保送清华、北大的学生照片，吸引了众多二中学子驻足观看。2007年，杭州二中保送或提前自主招生录取到清华、北大的学生就有25人，加上复旦大学、浙江大学等其他重点大学，还有出国的，总数已超百人。

宣传栏中有一栏是北大篇，其中介绍一位学生名叫张维加。我曾经在教学处林主任的办公室里见过他，他看上去长得挺稚气的，而且挺斯文，而这回出现的形象，是穿着西装坐在讲坛上演讲的，好一派青年学者风范。而真正吸引我的，倒是其中的一句话，让人不得不为之折服。这句话就是“你最近最想表达的观点”，你说张维加怎么讲——“地球气温升高并不是人类二氧化碳排放的结果，这事实上是地球的一个节律旋回造成的。”一直感叹中国的科学家很少有足以引起世界关注的观点，而张维加这一观点，我也无力评价，但起码这一观点是有足够勇气和智慧作支撑的。我为之感叹，中国就需要这样的“科学家”，何况，他现在只是一位高中生！

当然，张维加真正引起震撼和关注的地方，却源自他的一篇当时谁也看不懂的论文，题目是《寒武碰撞性大陆起源与生命进化的研究》。这篇论文我没有查到原文，但从相关报道来看，当年参加浙江省科技创新大赛评比时，单是题目就将评委打倒了一大片，然后，市科协寻遍浙江大学，也找不到研究相应学科的教授。论文涉及到物理、生物等多方面内容没有人能完全看懂，而且还发现论文的第一部分已经发表在教育部所属的“中国科技论文在线”上，第二部分则获得2005年中国科协青少年科技创新人才培养优秀项目奖。最终市科协将论文推荐为一等奖，等待省里专家再评，而省里专家再评，还是看不懂。指导老师董亮说，“这个学生就是搞研究的料，他的文章我看不懂，倒是他来教我，论文中涉及的物理知识已经达到大学本科水平，化学知识甚至超越了大学研究生阶段，在我看来，博士论文也就这个水平。”

目前中国科协孙力广教授已肯定张维加论文第一部分的推断是正确的，而张维加的困惑是，由于他的假设在全新领域进行，目前无人对此研究过，很多教授也因“专业不对口”而无法对文章下判断。后来，北大地球物理系教授宁杰远在飞机上读到了他的论文，并很快联系上他，并表示对他的研究方向非常感兴趣……

张维加曾是杭州市中考状元，论文的灵感源于初中一次化学竞赛。他说，“那次我才知道地球大气曾经突然改变过，原来大气中一半是二氧化碳，后来突然消失了。”张维加对这个问题产生了莫大兴趣。于是，在查阅了互联网和图书馆里大量的国内外资料后，他大胆假设：地球和某个星球曾经有一次碰撞，并且经过计算，这个星球应该是金星。现在，张维加已经能推断出臭氧层是如何产生的，并且结果与俄国科学家实测的结果非常相似。

据说曾有不少国外著名大学以高额奖学金邀请他入读，但最终他还是选择了北大的地理物理专业。

张维加除了对自然科学感兴趣之外，对古代文学、古代历史和古代语言还有着浓厚的兴趣，写诗赋对也有一手。

这样的天才少年，很多人都会关心他的经历和经验。“我的成功归纳起来只有一点，我得到了很多的自由。”张维加说，不仅学校给了他充分的自由成长空间，家庭里的民主自由气息也一直伴随着他的成长。

杭州二中有着宽松的教育环境和因材施教的教育理念。叶翠微校长说，教育厅在杭州二中设立创新班，目的就是为国家培养创新型大科学家的好苗子，像张维加这样较全面发展的复合型人才，学校是应该保护的，所以允许他在一定时间内专注自己的研究。学校还专门为张维加配上留日博士董亮老师，培养他的研究素养，指导研究方向并提供研究工具。为了让其他学生能理解他并向他学习，叶校长还专门召开学生大会，介绍张维加的研究情况，号召学生们走自主创新型的研究发展之路。从高二起，学校就让获过国家化学竞赛奖的张维加免修化学，指导老师还带着张维加去观摩浙江大学的博士答辩，让他从中受到启发。

张维加的父亲是普通电脑公司职员，母亲则是一位普通教师。在家庭教育方面，家长比较民主，不强求小孩学这学那，倒是他感兴趣的东西，让他自由地尽情发挥。

张维加谈自己的学习经验，就是“多看书、多提问、多思考”，他曾经在一次校会后追了几百米问校长一个问题，而他的纠错本是一直坚持着，他不允许同样的错误在自己身上犯两次。

也许，很多人会想，这个人本身是天才，不用管他也是天才。那我要说的是，此时，不管就是最好的管，最好的管要管得适宜。否则，一位天才少年，将来可能就是一位略有成就的人，但绝不是精英。对这样的学生，我们需要的是使之成为精英，成为国家真正的栋梁。

其二：一项小发明让楼盘提前30天完工

2006年1月18日，杭州二中王同舟跟同学一起，到浙江宏泰建筑有限公司参加学校安排的社会实践活动。他对根据工程图反复用笔测算来排建筑工期的工作感到有点好奇，并希望能够通过计算机优化流程图来测算。说干就干，他借了几本建筑专业方面的书籍，埋头猛啃起来。1 月 19 日傍晚 6 点，王同舟一回家，吃完泡面，马上打开电脑开始忙着编软件，直到凌晨 4 点，一个提高建筑工程效率的软件基本框架做了出来，王同舟给它起了个名字，叫“Bipman 255 建筑工程管理软件”。1 月 20 日，新诞生的软件程序摆到了公司经理那里，随后，王同舟反复修改新软件，并把最容易干扰工程进度的天气等因素考虑进去。而宏泰建筑公司利用王同舟发明的新软件，优化了原有的“杭州市草荡小区月桂苑流程计划”，在各项资源不变的条件下，把工期从原来的 290 天缩短到了 260 天。

后来，王同舟把“Bipman 255 建筑工程管理软件”挂到淘宝网上销售。一口气开出 1 350 元的售价，并提供 3 个月的免费试用，结果受到建筑公司的热捧。客户们反映，在工程管理中，这个软件以最快的时间找到关键路线并进行科学统筹安排，提高了效率，加快了进度，减少了设备投入，降低了施工成本，有效地改善了现场管理混乱的通病，提高了工程质量，非常有实用价值。

在指导老师钱增兴的鼓励下，王同舟写了一篇论文，名叫《关于提升建筑公司工作效率之数学模型及其软件实现的研究》，并将论文送去参加浙江省青少年科技创新大赛，结果让专家评委大为吃惊，获评浙江省青少年科技创新大赛一等奖，该论文在最近结束的第 22 届英特尔上海市青少年科技创新大赛中，获得上海计算机学会会长奖。目前，他的项目正申报国家青少年科技创新大赛奖。

王同舟现已是高三即将参加高考的同学，他打算在最后半个月里，冲一下清华、北大等名校，然后在暑假开始学习大一、大二课程，大二时要在计算机方面干点事情出来，譬如开一家跟计算机有关的网络公司。他还说，“我喜欢自由，网络的世界最自由，要成为像搜狐总裁张朝阳一样的人，为自己的理想而努力。”王同舟就这样憧憬着自己的未来。

两位中学生的故事讲完了，也许有人会说，杭州二中的学生是顶级的学生，他们出这样的成绩是很自然也是理所当然的。那么，换个角度，就给这样的学生由你负责去培养，你会怎样做呢？他们最需要的是什么而你又能够给他们什么？而他，会不会因为你的“培养”使他成为“机器”而不是“天才”？

由此我又联想到另外一件事情，2006 年，浙江省理科状元卢毅，他是杭州二中的毕业生，他在接受采访的时候，表现得非常平和而谦逊，他说，拿到这个理科状元并不代表什么，其实，平时在年级里，他也就排在二十多位，还有很多比他强比他好的同学保送或出国去了……

我想说的是，在个案的背后，杭州二中的莘莘学子当中，还藏有很多龙、卧有很多虎，每一个学生，都有可能让你大吃一惊。

那么，是不是重点中学都能这样？答案当然是否定的，因为每一所学校都会有她的个性和特质，这些个性和特质会在潜移默化中影响着其中的每一个人，而当中的每一个人，就像遗传了这所学校的文化基因一样，外校不可替代。而杭州二中，我感觉就有一种特殊的“基因”存在。

二、让思想解放 让精神自由

这种特殊的“基因”是什么呢？

最近叶校长在行政会议上阐述了他的有关如何体现“名校风范的教学”的观点，其中就谈到在操作层面个性化的表现，包括个性化、原创性、非外包，其中个性化就是“只有这种基因，才有这种特质”，换言之，只有在杭州二中，才有这种特质。那么，这种特质又是什么？我理解，就是他后面讲到的“理性、人性和灵性”，即具有理性的自觉，人性的风采，灵性的涌动。

而这，只能说是一种文化了。是杭州二中特有的文化。而说到文化，说复杂会很玄，说简单了又不是文化了。不说也罢。但我理解，可以通过学校方方面面的理念、操作和行为反映出来。

杭州二中的办学理念是一直被人称道的，像“思想解放，行为规范”，还有“高境界做人，高水平学习，高品质生活”，再有就是“三宽、三开、三性”（宽松、宽容、宽厚，开明、开放、开化，人性、理性、灵性）。或许，正是因为有这样的理念，才会有这样的文化、这样的氛围、这样的学生。

在这里的学生，除了前面两个故事的主人公之外，通常又会是怎样的呢？

（上图：学生在社团活动周现场绘画　下图：阳光灿烂的男生女生）

曾经听过一堂林肃浩老师（特级教师，也是张维加的指导老师之一）的化学课。中间有一些插曲，或许我们会觉得有点意思。开始的时候，林老师的电脑出现了一些问题，他便叫了一位同学帮忙处理一下，而这位同学弄了几下还是不行，其他同学便叫起另外一位同学，他果真厉害，上来之后很快就把问题解决了。而整个过程中，林老师还是上着课的，而开始的那位同学，并没有因此而感到尴尬，而是跟另外那位同学一起配合完成。其实，在同学心目中，谁在哪方面有专长大家是清清楚楚，只不过或许各有所长罢了，因此，大家也坦然；随后，没有听清楚林老师讲了一句什么话，学生竟然觉得非常有趣、搞笑而突然哄堂大笑起来，有的甚至夸张到前俯后仰，或者从座位上站起来拍大腿，而林老师也似乎没当回事，继续讲课，课堂又很快安静下来。至于学生的坐姿，相对很多学校而言，可能难以谈得上“规范”；平时走在校道上的同学，穿着也没有统一，但总是有说有笑的，给人以阳光灿烂的感觉；还有宿舍旁的篮球场，下午放学之后，似乎始终没有歇过，甚至有时双休日的晚上，还有学生在那里贪玩；而在晚自习的时候，整个校园却出奇的安静，静得让你难以想象。我觉得，这里存在着很鲜明的对比，学生在某些时候身体活跃得很，某些时候却是思维活跃得很，而表现出来的状态是一样的，共通的一点，就是“活”。

那么，毕业的学生是怎样看自己的母校的呢？杭州二中给了他们哪些值得怀念的东西？

有一位保送生写过一篇发言稿，其中讲道：“只有不在杭州时，我才发现学校看似单调的生活竟是入梦最多的题材，我才得知当每晚十点一边抱怨睡眠不足一边合上眼时，大多数省份的中学生都还在晚自习，而他们起床和我们差不多是同一时间。我很庆幸，我的记忆里除了学习，还有丰富的收藏。毕竟我还记得合唱、记得健美操、记得周六清晨无人的朝阳里麻雀的啁啾、记得周五傍晚恬静的操场上江风的祈祷。”

而还有一位毕业生讲过（记不清原文了，大概意思），“二中给了我们很大的自由，但无形中我们的压力更大，自由的空间里大家各展所能，竞争异常激烈”，也就是说，学校没有施加压力，而是给予了自由，而在这样一个自由的空间，同学间可以自由地在相同的、不同的领域驰骋，展示不同的风采，实际上是拓宽了学生的视野和思维，大家竞争的领域也不断地扩大，甚至无穷，由此，学生的“压力”增大了，而这些“压力”，却是学生自己用自由主动换取的。

在具体操作上，我想列举选修课、综合实践活动和社团组织活动等以点带面地让大家有个大概的认识。

选修课：

新课标要求开设选修课，注重校本课程开发，但实际上很多学校并没有做到。而杭州二中在这方面不但做到了，而且让人感到它确实对学生自主发展、个性特长培养起到了很大的作用。学校每天除了7节课外，下午3：05开始连续三节便是“自主发展课”时间。每学期都开设52门课程（每学期又不尽相同）供学生选择，包括科技、人文、艺术、体育、生活等类别，这主要是在高一、高二开设，并通过学分制进行管理，要求两年内达10个学分，并提出“重参与、重过程、弱化结果”的指导思想。据了解，绝大多数学生的学分是超过10分的。限于篇幅，在此不一一列举所开设的具体课程，但用“丰富多彩”、“必有所得”来概括是一点不为过的。而且这些课普遍受到学生的欢迎，并且，很多“意想不到”的收获源源而出，这包括各类学科竞赛、文体活动等多方面的。

综合实践活动：

杭州二中综合实践活动课程主要包括研究性学习、社区服务和社会实践三个组成部分。学校提出的活动目标包括培养学生创新精神与实践能力，通过情感体验和探究实践，有着对知识的掌握与运用永不满足、积极进取、追求卓越的学习态度，修炼优秀的学习品质；逐步形成发现问题、提出问题，研究问题、解决问题、会判断问题价值，并能获取信息、分析和使用信息从而解决问题的能力。每年，学生综合实践活动会适时开展，而且，绝大多数是利用寒、暑假以及双休日完成的。每个长假期回来，学校就展示林林种种的各类作品、报告的展板，也吸引着来来往往学生的品评。

社团组织活动：

杭州二中目前共有学生社团18个，涉及了文艺、体育、社会、科学等领域，具体包括墨缘书画社、瞳摄影、环保社、街舞社、吉他社、桃李文学社、诗社、眸某话剧社、二中广播站、二中电视台、简DV社、动漫社、KEY记者团、网球社、羽毛球社、乒乓球社、轮滑社等。这些社团在团委注册登记后，具体管理、活动组织基本上都由学生自行安排，学校每年五月定期举行社团文化节，每周开设周末人文大讲台，每年组织参加杭州市中小学生艺术节、社团文化节等活动。本周，恰好是今年的社团文化节，各社团遵照团委统一部署，发挥各自的优势，精心策划，悉心组织，集中开展诸如讲座演讲、读书征文、文艺演出、体育竞赛、展览展示、公益服务等一系列丰富多彩的校园文化活动，充分展示各自的风采，在学生当中影响很大。在一则校园留言当中，一位初中毕业生就被杭州二中的社团组织及活动深深吸引，冲着这，他希望能够考入杭州二中。

事实上，除了正常课堂给予学生的知识与技能以外，杭州二中学生还拥有更大的课堂、更广的空间和更大的自由，通过亲身参与体验、感悟到更多课堂里不一定有的东西。这本身是符合新课标要求的，而实际实施当中，我们更加看到了它的现实意义和价值所在。

去年，杭州二中在自主招生的时候，招了一位F1赛车手入读，今年，还计划招2位网球运动员。按叶校长的观点，说不定哪天，在某个网球比赛场上，或者F1赛道上，大家还会看到杭州二中学子的身影……

是的，一所学校如果一讲成绩就是讲高考，或者说除了高考就没有其他可讲，那么，这所学校也就陷入“高考”套里了，同时也将群众的眼光指引到了“高考”当中，注定会将自己的命运套死在“高考”环里，终有一天是要接受“高考”的打击的。反之，学校多元发展，学生多元发展，说得功利性强一点，哪怕某天高考成绩不好，学校还是有值得人们称道的东西拿出来。东边不亮西边亮，今天是眼球经济时代，只要有好东西拿出来，人们还是认同的。我们要做的是给学生更大的自由和空间，这实际上是给了学校自身发展更大的自由和空间。

事实上，学校教育越来越感受到来自方方面面的压力，而学生，也越来越感觉难教、问题多多。但是，我们也可以想象，一个人并不是孤立地存在于学校之中的，他受到来自家庭、社会、传媒、网络等各方面的影响，不良诱惑也很多。如果我们继续“往死里抓”，就如用手抓沙子，抓得越紧，失去的可能越多，而不松不紧，可能还可以保留。

所以，就学校而言，要根据实际情况让学生适度地自由，尤其是精神上的自由。梁启超有一句话讲“欲文明其精神，先野蛮其体魄”，我套用一下，便是“欲自由其精神，先解放其思想”。当然，这是对学校，或者是对老师而言的。思想要解放，观念要更新，这是非常关键的，其实也是最难的。在此基础上，精神要自由，教师的精神首先要自由，学生的精神才可能自由。只有自由的精神，才会激发更大的潜能，拓展更大的空间，收到更多意想不到的成果。或许，对于我们来讲，真的想象不到会有什么意想不到的结果或成果，但起码，如果是禁锢、封闭、堵抢、转移等思路或做法，其结果必将适得其反，问题也必将越来越多。

最后回应一下标题：让思想解放，让精神自由。（2007 年 5 月 23 日 于杭州）

第六章

柯中明校长江浙跟岗学习随笔

随笔一：且行且思

2010年4月23日　星期五　天气　阴

“闲花落地听无声，细雨湿衣看不见！”我们广州优秀校长培养工程的一行校长伴着春天的脚步一踏上江浙大地，就迎面感受到春的温馨与冷峭，眼前的一草一木、一景一色无不时时刻刻都在向我们展现江浙的风姿，让我们觉得她是那样的迷人、那样的悠长。

阵阵轻风拂过，当我们眼里还是西湖边满眼苍黄的时候，春天已经开始萌动她那蕴藏了一冬的情愫。绿的草、红的花，在行人的相衬下，显得异常的精神。江浙水乡，素以湖河之多著称。我们学习在运河之边的拱宸桥小学，我们思考在春天的运河边。一衣带水，蜿蜒在田野之上，河水清且泛起涟漪，涉涉远去，一眼看弯弯的小桥，一条系在小树干上的弯弯小船，几只嘎嘎戏水的鸭子，河边的几株青青的蒿草，岸边依依的杨柳，空中杨柳的飘絮，如牛毛的细雨，静静地洒落在身上，构成春天特有的景致。江浙之春，素来多雨。我们正好赶上了这样的季节。春雨如丝如线，飘飘洒洒，下得轻，下得柔，轻得像牛毛落地无声，柔得如少女的笑意清新动人。不巧的是，我们遇上了倒春寒，这可把我们弄个措手不及！但无论怎样，当看到花红柳绿，枝上鹅黄的新叶间，倒垂着柳绨，水珠欲滴，几对春燕呢喃其上，总是让人心旷神怡，总是让人回味无穷。

回首肩头的落英，回味西湖的龙井，回想前沿的讲学，我那颗痴爱教育的心在烟雨迷蒙的四月江浙再度逢春勃发，在且行且思的学习历练中蓄势向前："学而不思则罔，思而不学则殆"，行思合一，既是我们的学习方式，更是我们的教育理念。

我总是不断地告诉自己：学习不只是弥补，更多的是在于超越！

名校面对面之杭州拱宸桥小学

拱宸桥小学创建于 1909 年。该教育集团筹建于 2004 年 8 月，正式成立于 2005 年元月。

教育集团下辖两个校区：拱宸桥小学教育集团永宁校区，拱宸桥小学教育集团左岸校区。

永宁校区占地面积 19. 5 亩，设计规模为 24 个教学班；左岸校区占地面积 13. 5 亩，设计规模为 24 个教学班。

教育集团现有 28 个教学班、1 154 名学生、62 名教师、21 名职工。教师平均年龄 32. 7 岁，本科学历占 75. 8%，小学高级教师占 53. 2%，中学高级教师占 9. 7%，区级以上骨干教师占 43%。有国家级学科带头人 1 名、特级教师 1 名、省级优秀教师 4 名、中学高级教师 6 名。

教育集团积极实践和探索"新成功教育"的思想和理念，提出了"为每个学生的成功人生奠基"的办学宗旨。为每个学生的成功人生奠基，就是帮助每个学生发现自己个性的最近发展区和最佳发展区，并有效促进每个学生成为最好的自己，核心是培养每个学生的成功心态。这一宗旨可以概括为"一心三最"，"一心"即"成功心态"，"三最"即"最近发展区、最佳发展区、最好的自己"。

教育集团先后推出了《学生权利保障公约》、《家长视导制》、

《母亲学校》、《学习型家庭培育工程》、《人人成功节》、《365成功喜报制》、《运河文化少年研究院》、《小学生成功心理辅导》、《课外阅读考级制》、《硬笔书法考级制》、《少儿才艺拓展俱乐部》、《校园新闻发言人》等一系列教育教学改革举措，取得了良好的育人效果，也引起了广泛的社会关注和反响。

教育集团先后被评为杭州市实验小学、杭州市文明学校、杭州市绿色学校、杭州市示范性家长学校、浙江省现代教育技术实验学校、浙江省校本教研示范学校、中央教科所家庭教育实验基地、全国中华诗文诵读实验龙头学校、全国学科“四结合”教学改革试验学校。为了拱宸教育的明天，我们不懈地努力着！

名校面对面之江苏省南通师范第二附属小学

1906年3月25日（清光绪三十二年三月初一），清末状元、著名实业家、教育家张謇本着“父实业、母教育”和“民智兮国牢”的思想，偕其兄张詧捐赠私资，购城中柳家巷陈氏旧宅葺为校舍，兴办“女学”，定名为“通州公立女子学校”。张詧任总理，张謇任协理，聘请“桐城派”文学家姚鼐后裔范姚蕴素为校长。首批学生35人，分为高等、初等两级。是年11月，张氏兄弟改“女子学校”为“女子师范学校”，另外招生，而初高两等作为附属小学（简称“女师附小”）。这也是全国最早的师范附小之一。1912年，中华民国成立，南通县议会议定拨款给附小，学校亦改称为“县立通州女子师范附属小学”。1914年6月，由张詧妻杨夫人捐资在校区东部开办幼稚园，主任为杨素明。1915年1月，女师专设分管附小工作的主事。第一任主事为叶婧。1922年，女子师范学校迁出，市河岸校舍便由附小单独使用。其后，学校社会影响与日俱增，开始在初小阶段兼收男女生。学生来自周围各县，大部分学生寄宿。对个别有残疾的学生，也予以照顾入学。1924年，女师为研究农村小学教育，还于城北设“南通县立通州女子师范附属小学北土山分校”。1939 年 8 月，伪教育局在学校南半部分校舍办起“县立市河岸初级小学校”。1942 年，校舍重加修缮，南厢改建为大礼堂，南通中学高中普通科（女生班）、女师迁来上课，南半部分仍为小学部，改称“南通县立女子师范附属小学校”。抗日战争胜利以后，学校高年级也男女兼收，幼稚班也得以恢复。1946 年 2 月，学校接收“江苏省立南通实验小学”为“南通县立女子师范附属小学第二部”。1947 年女师全部迁回段家坝校舍。同年，重修珠媚园内荷花池东侧的茅亭，以纪念学校四十校庆。

1949 年 2 月，南通解放后，市教育局决定将学校本部、二部（南通实验小学）改为两校，二部独立办学，本部称南通女子师范第一附属小学。周恩来总理亲笔书写聘书，聘南通市人民委员会委员缪镜心为校长。校内团、队、工会各种组织先后建立。1952 年，校名改为“苏北南通女师第一附属小学”，直属南通专署领导。

至 1949 年，学校占地面积为 14 207 平方米，建有四合院式两层教学楼，一个大礼堂，以及荷花池和茅亭等。“文化大革命”期间，这些建筑物被拆除或填平，另外新建两排两层教学楼。1985 年，学校建成镜心楼。1993 年，拆迁教工宿舍，扩建操场，建成童话楼。1999 年 8 月学校第一期工程教学综合楼竣工。2000 年建成镜亭。2001 年在崇川区委、区政府大力支持下，学校开始实施第二期工程，向东部征地，使占地面积扩大为 24 897 平方米，至 2006 年初，第二期工程中的教学楼、科学艺术宫、体育馆等先后落成，学校建筑总面积为 27 100 平方米。现学校共 86 个班，学生 5 055 人，教职员工为 206 人。

点滴感悟

一、校长——要擎起学校文化的大旗

我跟岗的这几所学校有个共同的特点：名气大。这名气的背后是文化，是一种根植于学校、扎根在师生灵魂深处的学校文化。这种文

化影响着学生的行为，决定着学生的素养，当然也体现在教师、校长的工作当中。

学校文化建设是校长工作的重点，如何生成、继承和积淀学校文化体现一个校长的管理智慧。我就应该通过这次学习，吸取这些学校的优秀因子。校长的“伟大之处就在于能够把这种新的、好的、代表文化发展方向的先进理念，转化成为具体的、大家认同的观念，形成学校具体的、可操作的目标；要把办学理念和办学思想转化成教师的共同追求；建立相应的人性化的管理制度；形成学校的办学特色。”[①]因此，在学校文化建设过程中，我要挖掘我们实验小学学校文化中的历史资源（当前主要是岭南文化教育资源），分析和反思学校当前的教育改革和发展的价值标准及取向，并依靠自己的价值判断，来选择适合自己学校的文化类型。

美国当代教育哲学家乔治·F. 泰勒（George·F. Taylor）在《教育哲学导论》中说过一段意味深长的话：“个人的哲学信念是认清自己生活方向的唯一有效的手段。如果我是一个教师或教育领导人，而没有系统的教育哲学，并且没有理智上的信念的话，那么我们就会茫茫然无所适从。”从这个角度讲，我要明白肩上的责任：学校文化的创新关键在校长，优质学校文化建设中校长的职责更是不可替代的。所以，在学校文化塑造中，校长的角色这一命题留给我们的思考和实践远没有终点，所以，我还将带着这个命题对我的拷问，不断实践，不断思索，不断前行。

二、校长——要向管理要效益

校长最主要的工作是领导好学校。如何领导学校是一门学问，其中的基础工作就是建立学校的规章制度。这次参访的学校无不建立起了健全的制度，并且让这些制度成为全体师生乃至家长的行动指南。

① 袁振国．校长的文化使命［J］．河南教育，2003（4）

作为校长，学校要保证正常的运行，并取得各方面工作的效益最大化，关键就在于提升管理效率。管理是否有效，关键在于执行力。提高制度的执行力，就是不要让学校的制度成为花瓶。

这就是所谓的“三分战略，七分执行”。在学校管理实践中，怕就怕有了好的制度，却没有执行，那制度也只是一具空壳而已，对学校的发展毫无意义。这几所学校的共同点之一就是，全体师生特别是老师完全能不折不扣地执行学校的一切规章制度。

三、课堂是教育理论的栖身地

无论是拱宸桥小学的“诗意管理”还是南通二附小的“情境课程”，这些教育改革都能体现在具体的课堂实践中，包括被中央领导认同的“难忘教育”（南通中学）。作为一个一线教育工作者，我进行过许多教育实验，有独自进行的显得幼稚的尝试，也有跟着所谓的专家教授进行的课题研究，但是最终都不令人满意，不是半途而废就是徒有虚名。而南通二附小的情境教育实验，不但坚持下来了，而且还从情境教学走向情境教育，到目前进行的“情境课程”和“情境管理”。

我们大家都知道，情境教育是从语文教学起步的，主要是李吉林老师针对学生对“认、读、记、练”不感兴趣、理解不到位等状况，大胆进行了改革，进行了教育实验。由于有李老师的引领，该校的所有老师都在进行着情境教育实验。如今，不但是文科在进行着情境实验，而且理科也在进行；不但在校园内进行，而且在野外也进行；不但在教学领域进行，而且在德育领域甚至管理领域也进行。

特别令我感兴趣的是该校提出的主题性大单元“情境课程”理论，李老师提出了“以德育为主导，以语文学科为龙头，以儿童为主体各科联动”的主题性大单元情境课程的主张，使学科教育在一个主题统领下，在大单元的组合中互动、互补，从而相互迁移，达到相互强化，并把关注的目光放置于社会、放置于野外！野外主题大单元是一个综合系统，能融合所有的教育因素和教育环节。施校长给我们举了一个池塘的例子。“在学生的眼中，一个池塘只是由水及水中动、植物构成的情境。只有在教育者手中，镶嵌其中的数学元素——池塘的面积、池塘的直径、池塘的周长、容积……才能凸显出来，成为学习的对象。同理，生态的元素、审美的元素亦然。”这就是野外情境的魅力！李老师的野外情境课程从教育实践层面开启了情境认知理论的应用研究，不仅给课程设计者增添了新的研究内容，也为重新思考儿童认识规律和认知结构提出了新的解构途径。

当下，我国素质教育和新课程改革实验已经进入一个全新的境界，旧的问题和矛盾没有得到彻底的解决，新的问题和矛盾又已经出现。在这新旧矛盾叠加的时刻，需要我们保持一颗冷静的心——思考教育教学中的各种问题和矛盾，寻求解决之道；同样也需要我们有一颗火热的心——积极投入到生动活泼的一线，进行真真切切、实实在在的教育教学改革，让我们的课堂真正成为教育教学改革的栖身地！

四、学校发展的动力在教师

最近国家制定的《国家教育改革和中长期发展规划》中明确提出了要努力造就一支“师德高尚、业务精湛、结构合理、充满活力”的高素质、专业化教师队伍，由此可见教师队伍培养的重要性。站在一线校长的角度上讲，教师的培养也是摆在重要的位置。启东中学的王校长认为，没有优秀的教师就一定没有优秀的校长，也一定没有优秀的学校；南通二附小的吴校长认为，学校发展的前提和基础是培养一支优秀的教师队伍。对此，我也有高度的认同。来到实验小学，我压力比较大，但是我对学校的发展前景充满信心，因为我们有一支素质全面、可塑性非常强的教师队伍。这是我们实验小学创造辉煌的本钱。

当前，摆在我面前的重要任务就是如何去培养他们，如何促进老师的专业化发展。我想，不外乎学习，学习是我和我们教师发展的唯一途径。首先我要提倡大家在工作中学习，使工作和学习达到有机的一致。即工作学习化，学习工作化，不仅善于学习，而且学以致用，并使学习成为一种新的生活工作方式。第二就是要成立实验小学教师学习共同体，不但重视个人学习和个人智力的开发，而且强调实验小学整个教师队伍的学习，形成具有学校特色的“学习型教师队伍”，让全体教师为共同目标而不懈努力学习，让大家在学习和工作中诚恳沟通、互相协作、分享合作。

总之，我要时刻牢记实验小学要发展、要成功的关键在教师，打造高素质的教师队伍，探索教师专业发展之路是我一切工作的重中之重。

五、学校品牌的关键在于特色

什么是特色？我想简单点说就是符号。人们一提到南通二附小，马上就会想到“情境教育”；一提到拱宸桥小学，马上就会想到“诗意管理”；一提到启东中学，就会马上想到“高考状元”。作为校长，我要的就是，人们一提到广州市番禺区市桥实验小学就会马上联想到一个符号。因此，把学校办成一所个性彰显、充满生命活力、能充分满足学生发展需要的特色学校，是我矢志不渝的理想追求。

作为学校的符号，它不只表现为学校具有个性化的外显环境、校本化的课程体系、独特的教育教学管理制度、明显优于同类学校的特色项目，更是表现为凝聚在学校每一个成员身上的一种精神品质。

要让我们实验小学成为特色学校，就必须让我们的办学思想、教师群体、课程体系等方面独具特色，说得通俗一点就是“人无我有，人有我优，人优我特”。并让这个目标成为全体教师的共同追求，这样我们学校才有了自我超越、追求特色、创造特色的可能，学校的凝聚力、吸引力、向心力、感召力才能得以增强。

春雨伴着鲜花，使江浙的景色异常绚丽。经过两个星期的奔波，我跟岗了两所全国名校，参访了几所当地名校，受到的冲击和触动非常大：如果一个学校没有文化的浸润，那么这个学校将是没有灵魂的，没有生命跃动的躯壳。只有历经冶炼的宝剑才会更锋利，只有经过寒霜洗礼的梅花才会更芬芳。同样，一所学校的成功，一个校长的进步，只有经过一番历练才可能获得。有时这种长进是显性的，但更多时候它是隐性的。正如“闲花”落地一般，它是无声的；正如“春雨”湿衣一样，它是看不见的。这就是文化，这就是我的感触！

随笔二：行迹思绪

江浙自古以来是人文鼎盛之地，那里学习之风浓厚，文化积淀深厚，是每个教育工作者向往的地方，我想这大概就是安排我们去那里学习的原因吧。

——摘自《到江浙学校我们学什么?》

学校管理是服务；学校管理是为师生的健康成长服务；学校管理就是要通过尊重师生、激励师生的内动力来达到管理的目的。因此，我在实验小学就应该以此作为行动指南，全力成就师生。

——摘自《成就师生：王崧舟校长的管理哲学》

到江浙学校我们学什么

2010 年 4 月 11 日　星期天　天气　雨

“全国教育看江浙，江浙教育看南通。”这次广州市优秀校长培养工程项目组安排全市 20 个中小学校长到杭州和南通两地进行为期两个星期的跟班学习。作为学习成员之一的我非常兴奋，也非常期待。江浙自古以来是人文鼎盛之地，那里学习之风浓厚，文化积淀深厚，是每个教育工作者向往的地方，我想这大概就是安排我们去那里学习的原因吧。

由于班机误点，我们到杭州萧山机场的时候，已经是深夜12点了，到了下榻的酒店住下时已经是凌晨2点了。一下飞机，杭州的阴雨天给我们来了个下马威：昏暗灯光下的春雨，淋在身上格外冷，除了清冷之外，心无他念。冷风、冷雨、冷街道，再加上我们这几个夜行人。每个校长都喊“冷”！我想这种“春寒料峭”之感在广州是没有办法领略到的。

这次我们到江浙学习，上面规定了具体的学习内容：观察和参与跟班校长的日常工作，观察学校的日常运作；以各种方式了解跟班学习校长的办学理念、管理理念以及其具体操作策略和成效；在每所学校要听课5节——因为课堂是了解一个校长办学理念的最佳途径，除听课外，还要参与老师的备课、评课等活动，可能的话就请该校校长上一节课；通过座谈、参观等方式了解学校的德育工作、教学管理工作、后勤工作、课外活动、少先队活动、家校合作、品牌建设、校园文化等；与学校的任课教师座谈，了解他们对教育、教学、学校管理、教师成长等方面的看法和做法，以及各自的深层思考；要做到“三课”满意，也就是上一节课、评一节课、听一节课；每天晚上要进行小组讨论，总结当天的学习心得、学习收获和学习反思，及时提出第二天的学习希望和要求。

根据安排，我与天河的王建辉校长、黄埔的龚建辉校长、增城的何满佳校长同一组，我感到非常高兴！因为他们都是非常优秀的校长。荣幸的是我还是这个组的组长，除了以一个普通学员的身份学习之外，我还要组织大家日常的学习活动，组织大家进行讨论和反思，做好记录，整理好学习材料，总结出小组内的学习经验，提炼出每天讨论的主题。

按照规定，本次学习结束后我们要提交“九个一”的资料：

一张照片——最能反映跟班学校特点或者令自己感受最深的一幕；

一句话——记录自己最深的感受或最大的收获；

一份日记——记录每天的学习内容、心得和思考；

一节听课和评课记录——记录印象最深的一节课和自己的评课内容；

一篇分析报告——对跟岗学校的观察和思考；

一篇总结——总结本次学习的情况，反映本次学习的收获和不足；

一个汇报——回广州后，向领导汇报学习的收获；

一次分享——回去后与学校的全体教师分享本次学习的收获和心得；

一份建议——对本次学习安排提出改进意见。

窗外，淅淅沥沥的春雨依然下个不停，我倦意全消！难道是到了人间天堂之后人变得兴奋吗？我看不是！是什么？我不清楚！学习吧，或许这是最好的答案！明天一早就要去跟岗的学校见“公婆”了。

见面——一次意外的搁浅

2010 年 4 月 12 日　星期一　天气　雨

“我们都有这样的经历：泛舟于明净澄澈的湖面，陶醉于湖光山色的奇瑰，领略‘人在画中游’的和谐境界，我们会自然发出‘诗情画意’的感叹；至于携春踏青，风垄雨畦，断桥拂柳，看‘细雨鱼儿出，微风燕子归’的诗家新景，或见仕女执团，粉蝶翩翩，人扑蝶蝶戏人，我们也会雅称‘诗意’……对于教师来讲，进入书声朗朗、生命灵动、人文关怀、智慧流溢、潜心涵咏的课堂意境，我们也会由衷发出‘诗意’的感叹。或许由于‘诗意语文’的先入为主，我对他的阅读是带着这些诗的意象开始的……”这是一位网友对这位王崧舟课堂教学的评价。说实在话，我也是带着同样的情感来看这位语文教学界的名师，心中暗揣要以他为事业的榜样和人生的楷模。也许是心诚所致，领导安排我跟岗学习的校长正是这位高人。

带着几许激动，带着几分向往，我们匆匆地赶到了学校。迎接我们的是该校的一位副校长。他带着我们直接来到了会议室——那时学校正在开行政会议。一步入会议室，我便看见了他。这位令我敬仰的名师端坐在会议室中间，也许是这样的来客太过频繁的原因吧，他对我们的到来并没有作出太大的反应。这对我们四位初来乍到的“外人”平添了紧张和茫然。好在其中一个行政工作人员用眼神示意我们坐到会议室靠窗的一排空位上，我们的尴尬才得以消除。

聆听着他们的会议，我渐渐地抚平了心中的不安，面对着近在咫尺的偶像，我的思绪却在别处飞扬：如何致答谢辞，如何赠送礼物，如何打开局面，如何完成学习任务等。作为一个小组长，我必须考虑这些，要不就给整个广州市的小学丢脸了。

会议结束后，那位副校长带着我们来到一楼的教师读书室（他们称之为“教师读书斋”），随后叫一位办公室的负责人给了我们两份材料：该校的《办学章程》和《执行条例》。于是我与其他三位校长用读经典的态度认真研读，直到中午放学。

中午，我利用休息的时间对上午的情形做了一个梳理。我暗自笑语：我们的初次谋面，怎么会出现搁浅呢？是我们的原因，还是王校长太忙，抑或其他原因？

下午第一节课开始，我们被安排去听一节由该校党支部书记执教的数学课，其实这节课是该书记上给他们的实习生听的，我们因为要求强烈，于是被安排一起听。课后，领队王院长来了，我们向他做了一个简单的情况汇报，并希望王院长的亲临能够对我们的学习环境有所改变。

时间一分一秒地在流逝，放学了！校园里逐渐安静下来！在回酒店的路上，我并没有因为学习的劳苦而彻底放松，反倒因为这次意外的搁浅而深究其意：我国自古就是一个礼仪之邦，热情待客是为人的基本之道。“有朋自远方来，不亦乐乎”。尽管我们还达不到“朋”的程度，但也应该以“四海之内皆兄弟”的礼节来接待吧？

跳出惯性思维，我禁不住这样思考：如果加以换位，将有何感受呢？作为校长，一次点头，一个不经意的微笑，或者轻轻的一句“您好”，那会给来者多么的温暖与亲切，这又是多么廉价而又足显素养的外交啊！也许正因为这样，我才会让自己始终坚持微笑，坚持问好。面对来校的家长，我会主动地打招呼，询问他需要什么帮助，让每一个家长从校长的行为里，认知到老师和学校的档次与品位，让他们在心底里告诉自己，把孩子放在这样的学校里一定能够学好；面对自己的同事，我会毫不吝啬地把微笑送给他们，让他们没有距离感，让每一位同事时刻处在和谐轻松的环境中；面对向我行礼问好的学生，我不仅会用和蔼的声音回应他，还会毫不犹豫地摸摸他们的小脑袋瓜，让每一位学生知道，校长喜欢他们，关注他们，让他们产生爱学校、爱学习的思想，从心理上增强他们的愉悦与自信；面对外来的领导和嘉宾，我会尽主人之责，尽量满足他们来校考察学习的需求。我常对我的老师说：“在学校里，每位老师都是一面旗。而校长，则是打头阵的排头兵。”只有这样，才能上行下效，才能形成良好的礼仪氛围，进而优化为应有的礼仪文化。

说到这里，我不是说我不在意初次搁浅的谋面，我不能也无法很快消除因为搁浅而产生的情绪，因为我也是一名情感丰富、渴望尊重的凡夫俗子。但是，我又绝不会因此而深陷其中，因为我还记住了孔子的一句话：“人不知而不愠，不亦君子乎”。

来时路，回时路，来回不走寻常路。来时情，回时情，来来回回总关情。

执行力，学校管理的基石

2010 年 4 月 13 日　星期二　天气　阴

“在以后的几年里，我认真领会校长提出的新成功教育办学理念，努力工作，大胆开拓，使学校的德育、艺术教育等各项工作逐步形成特色并走在了全区的前列。我自己也入了党，先后被评为区优秀德育工作者、市首届德育高级研修班优秀学员等。我深知，这一切，都与校长的赏识、培养是密不可分的。因此，我唯有用更加踏实、勤勉的作风，更务实、更有效的的工作才能回报校长!”这是该校的德育主任对校长的评价。从眼前这位精干的女主任的眼神和动作中，我读到了她对校长的敬仰和崇拜，我也读到了她这种崇拜背后的强烈执行力。

校长怎样评价眼前这位德育主任的呢？从一份公开发表的杂志上我看到了这样一段话：该主任的成长跟政教主任的岗位密不可分，所谓时势造英雄，英雄造势时。假如那年上的不是她，那么，第一她的发展高度不可能达到现在这样一个水平；第二学校的德育、艺术也只能在二流的水平徘徊。当年，我看中的就是该主任的风风火火!（《中小学管理》2008 年第十期）

我跟岗的这所学校在该校长的领导下，由一所区内普通的小学一跃成为全国知名学校，这位校长起的关键作用是不可否认的。成功的原因，我想有很多，但有一点非常关键，那就是强力的执行力。所谓执行力，本是个企业管理的概念，它的含义是：贯彻战略意图，完成预定目标的操作能力。是把企业战略、规划转化成为效益、成果的关键。执行力包含完成任务的意愿，完成任务的能力，完成任务的程度。执行力：对个人而言执行力就是办事能力；对团队而言执行力就是战斗力；对企业而言执行力就是经营能力。而衡量执行力的标准，对个人而言是按时按质按量完成自己的工作任务；对企业而言就是在预定的时间内完成企业的战略目标。从学校管理的角度来讲，对学校管理的中层和其他普通老师而言（最主要的是中层），宏观角度的执行力是将学校发展规划、发展战略一步步落实到位的能力，把计划变成现实操作的能力，也是将人员、策略、运作执行流程顺畅地统筹起来的系统能力。微观的角度的执行力就是全面落实校长的的决策，使每一项工作能顺利、彻底地得到实施，并取得预想的效果。

从我跟岗的学校来讲，他们的中层是不折不扣地落实和贯彻了校长的意图和思想的。比如，该校长对学校要充分利用地域资源开发校本课程，形成德育特色作出了指示。但是，如何去开发利用当地的资源，如何实施，如何评价和总结，校长则没有给出具体的意见和建议。当然，作为一个校长也不可能给出这样的意见，要不，校长就成了德育主任了。剩下的工作当然由德育主任来做，那么工作的最终效果，就取决于该德育主任的执行力了。事实证明，眼前的这位德育主任，是想尽一切办法、克服一切困难，最终完成了校长交代的任务，并且使这项工作成为了区内外的典型，使之逐渐成为学校的特色。

他山之石，可以攻玉。审视我们市桥实验小学，目前我和我的行政团队都应该在执行力方面进一步下大工夫。以实用的治校理念来统领团队的认知，以高效的执行来实现优质的管理。具体来讲就是要做到：描绘美好蓝图，尊重每个同事，完善管理架构，发挥示范效应。从每个实施细节和环节抓起，从激发每个老师和每个学生做起，让全体师生动起来，一起朝我所描绘的蓝图前进。

我对学校的未来充满信心，我、我的同事共同努力一定可以使学校成为番禺区乃至更大范围的名校，同时我们每个人都可以在各自的岗位上实现更大的超越。这种超越需要我们“实小”的每个人共同努力。在奔向前程时，大家是融为一体的。我自己则要率先示范，强化角色意识、责任意识、效能意识、管理意识、服务意识，只有这样才能使全体教师具有较强的主人翁意识，有较强的敬业精神，具有终身学习的能力；也只有这样，整个学校的每个部门、每个环节最终才可以形成目标明确、简洁高效、监督有力、团结紧张、努力超越、追求卓越的执行力。

还原本色

2010年4月14日　星期三　天气　冷雨

笑容可掬！那笑容让人觉得特别熟悉，让人觉得特别温暖。这种笑容就像一尊慈爱的佛像，和蔼而让人觉得亲近。这种笑容，整天都挂在我跟岗学习的王崧舟校长脸上。早上，我们听了王校长工作室两个弟子的研修课，接着就参加评课，一直忙到中午 12 点多。中午稍作休息，我们就与他进行了为时两个小时的访谈。

这为时两个小时的访谈，使我感触颇深！说实在话，无论是能力还是办学成绩，王校长真的值得我学习，真的应该成为我的榜样。这个访谈实录，如果稍微做一下整理，它就是一篇非常优秀的论文了：有理有据、条理清晰、层次分明、情感丰富。我有这个能力吗？完全不可比！经过短短几年的努力，把一个普普通通的城乡结合部的一度濒临边缘化的学校，打造成一所全国名校，我能做到吗？完全做不到！至少现在做不到。

访谈期间，王校长潇潇洒洒地谈了几个关键词：百年老校、新兴名校、新成功教育、诗意语文。

所谓百年老校，主要是从该校的文化积淀这方面来说的。学校位于京杭大运河边，历史文化积淀很深厚。但实际上，学校的办学业绩或者说知名度和美誉度并没有因为大运河而得意。如何挖掘这种得天独厚的资源，避免出现捧着金碗讨饭的尴尬现象，学校在这方面下了大工夫。他们通过进社区、访老人、查资料、搞调研等，终于找到了学校自信的文化基因：中国是个大写的人字，左边一笔是长城，长城是固定的文化，代表阳刚的一面，与军事有关；右边的一笔是运河，运河是流动的文化，代表阴柔的一面，与经济有关。学校位于京杭大运河的终端，是皇帝到杭州的地标，因此学校的文化极具韵味。同时，学校创办于清朝末年，历史比较长。这两点一结合，就成为学校的文化基因，这种文化基因应该是值得自信的。

所谓新兴名校，就是指经过这几年的努力，学校已经成为了杭州市一所新兴的名校，在杭州、浙江乃至全国都有很大的影响力，学校的美誉度和知名度都得到了充分的认同。

所谓新成功教育，这是当初借上海闸北八中成功教育的经验、理念，并以成功教育来打造学校的办学模式，为了以示区别和超越，所以加了个“新”字。学校在新成功教育方面取得成绩，主要原因是能一以贯之，同时也在成功教育的基础上实现了超越，形成了自己办学的哲学思考或者说是哲学价值。这种哲学思考体现在学校的办学理念和办学愿景上面。作为新成功教育，最主要的是培养学生的成功心态，找准学生的最近发展区和最佳发展期，这样做的终极目标就是让学生做最好的自己。

最后，王校长谈了诗意语文这个话题。这是他取得学术地位的重要载体，我非常敬佩这点。在语文教学上，他走在全国所有语文教师的前面。他的语文教学观就是让学生在学习语文的时候能实现生命的超越，达到喜悦、爱与宁静的境界。而作为一个校长，他在管理中也运用了这一思想：让被管理者活得更加幸福，体会到喜悦、爱和宁静。因此，教学和行政管理在他身上是有机的一个整体。

听他讲话是一种享受，更是一种鞭策！

最后，我们在其工作室中合影留念，选中的就是“教育当以慈悲为怀”这一标语作为背景。在这个合影过程中，那种如佛一般的笑容一直没有消失过，如同定格的影片！这种境界，不经过一番潜心的修为是做不到的！

回想前三天的那次搁浅，我感觉判若两人。这究竟是为什么呢？

在今晚与杭州一位当地教师的用餐中，这个谜底得到揭晓。这位教师是何满佳校长08年在杭州学习时认识的朋友，是一位非常出色的教师。在谈到这类事情时（当然这位老师不知道我指的是谁），她的经历让我释怀！她讲：“有一天，我班的一个同学过来对我讲，老师，门口的保安叔叔为什么向你打招呼，而对我的问好却视而不见呢？这个孩子的话，让我吃惊！是啊，为什么保安叔叔不同每个同学问好呢？如果继续追问的话，每天保安要对一千多个孩子问好，能做到吗？这样不是很累吗？作为这个名校长，每天要面对这么多人，可以讲是很多崇拜者，他不能时时刻刻都热情相迎——如果能的话他就是神了，不是人！”是啊，这位名校长是个人，一个和我们具有同样情感的人！

作为一个校长，作为一个教师他是非常成功！他应该是个非常了不起的人！是我学习的榜样！这就是生活中的他！

之所以会产生这样的认知差距，那是因为我出发前，在心目中把他过于的神圣化。其实从另一个角度讲，这不正是独具一格的为人处世之道吗？

也许是王崧舟校长在无声地告诉我：成大事者，必专心做事，真心做人；宁在有为处作为，不在虚为处妄为。

常说：以史为镜，可以知兴衰；以人为镜，可以知得失。倘若真是这样，那我岂不又多了一份收获？

成就师生

——王崧舟校长的管理哲学

2010 年 4 月 15 日　星期四　天气　阴

今天学习的主要任务是与老师访谈、翻阅资料。在同老师访谈和查阅资料的同时，一个强烈的想法在脑海形成：与其说是“拱小”的师生成就了王崧舟校长，还不如说是王崧舟校长成就了“拱小”的师生。成就师生，是“拱小”成功的法宝，也是王校长的管理哲学。

在该校，每个老师、每位学生提到王校长时，心中都充满感激乃至崇拜。是一种什么样的力量让师生感激、崇拜王校长呢？是成功、职务，还是荣誉、奖金？我看都不是，应该是一种精神满足。他给了每个老师专业化发展的动力，他给了每个学生成功成长的最佳路径。在他的学校，普通的师生能优秀，优秀的师生能卓越。

王校长说过，教育要以慈悲为怀，校长要以出世的情怀做入世的事业。说得通俗一点，就是校长要学会度人！让师生从此岸走向彼岸。这种观念其实就是一种哲学！作为一个校长，我想，我应该清楚自己的管理哲学是什么。

首先，说说什么是管理哲学，这是问题的基础。所谓管理哲学，就是对一般管理的世界观与方法论的总称。管理哲学的基本问题：管理是什么（what），管理为什么（why），如何管理（how）。中国人认为管理就是做人做事的道理。做人就是如何搞好人际关系，做事就是如何提高工作绩效。搞好人际关系，提高工作绩效就是管理。从这个意义上来讲，我可以很清晰地说出我的管理哲学：学校管理是服务；学校管理是为师生的健康成长服务；学校管理就是要通过尊重师生、激励师生的内动力来达到管理的目的。因此，我在实验小学就应该以此作为行动指南，全力成就师生。

其次，就是如何管理的问题，这是问题的关键。在此，我想到了著名校长卢志文的管理哲学：

（1）三“家”：法家、儒家、道家。基层干部做法家，从严执政，制度第一；中层干部做儒家，上睦下和，以人为本；高层领导做道家，遵循规律，科学决策。

（2）三“用”：有用、把用、自用 。“有用”：提升水平，提高能力，可用管用；“把用”：协作奉献，克难奋进，好用耐用；“自用”：自我规划，自主发展，自用适用。

（3）三“剑”：用剑、舞剑、悬剑。用剑不如舞剑；舞剑不如悬剑；悬而不用，是为至用！

（4）三“管”：管门房、管课堂、管心房 。校长的管理重心要上移。经营学校，首先是经营人心。抓质量，要先抓管理，抓管理要先抓人的管理，抓人的管理要先抓人心的管理。

（5）三“馈”：建议、意见、牢骚 。鼓励提建议；允许提意见；反对发牢骚。

（6）三“洗”：洗面、洗脑、洗手。洗面：树立形象；洗脑：更新观念；洗手：清正廉洁。

（7）三“满”：满分、满意、满足。教育，不能光追求给学生满分，还要让学生满意，使学生满足！满分：应试层面，教书匠的追求；

满意：服务层面，职业化的追求；满足：科研层面，教育家的追求。

(8) 三“事”：做事、管事、想事。做事：有一套办法；管事：有一套章法；想事：有一套说法。

(9) 三“领导”：向下领导、平行领导、向上领导。向下领导：会布置工作；平行领导：会协调关系；向上领导：会争取资源。

(10) 三“享”：功者享禄、能者享位、勤者享薪。功者享其禄：论功行赏；能者享其位：举贤任能；勤者享其薪：多劳多得。

(11) 三“度”：知名度、美誉度、忠诚度。品牌建设牢记三个维度：广泛的知名度、良好的美誉度、牢固的忠诚度。

(12) 三“识”：识事、识市、识势。“识事”：学会“正确地做事”；“识市”：学会“用市场做事”；“识势”：确定“做正确的事”。

说到底，我们校长的管理就是做人和做事。只会做人，不会做事，是一团和气，是和稀泥，学校管理上等于零；相反，只会做事，不会做人，常常得罪人，学校的管理也等于零。因此，要先会做人，然后会做事，这就是管理。站在哲学层面上讲，管理就是反省自己的管理经验。

灵秀与前卫的杭州

2010 年 4 月 16 日　星期五　天气　晴

你放心好了，我是当地人。去西湖玩，有很多种玩法。你们喜欢哪种？哦，喜欢去品味原生态的西湖？你们看来是个文化人，这样才是欣赏西湖的最好心态和最佳品味。去看原生态的西湖，你们就不用坐出租车啦，坐公交车去。这时候，反正公交和出租车的速度差不多，没有必要浪费那个钱。

怎么去呢？你们直接到对面的公交车站坐 K304 路公交车，到九溪下车。然后坐当地的车，大概 15 元就可到九溪瀑布景区。当然，不赶时间的话就步行也可以。在九溪欣赏美景后，就沿着当年乾隆皇帝的御道去狮峰山的杨梅村。杨梅村是西湖龙井茶的主要出产地，由于山高，茶农不施化肥，因此那里的龙井茶最好、最地道，更何况那里的农民非常热情、纯朴，不会欺负外地人。你们在那想买龙井茶的就可以放心购买了。

品味好茶后，你们再坐 Y2 公交车去新西湖景区，沿途可以欣赏桂花雨、林彪行宫、岳王庙等景区。最后在岳王景区登船，就可以在西湖上尽情欣赏苏堤春晓、曲苑风荷、平湖秋月、断桥残雪、柳浪闻莺、花港观鱼、雷峰夕照、双峰插云、南屏晚钟、三潭印月等经典名胜了。

当你在西湖遇到一个人在热情地向你解释时，你千万不要以为遇到了骗子！他们可真是热心的当地市民。这种热情的人，看来不止一个：在九溪景区我们遇到一个，在杨梅村遇到一个，在西湖边又遇到一个！看来杭州人的素质确实高！

当我们在尽情地欣赏、品味西湖美景时，让我震撼的是当地丰厚的人文底蕴。杭州被称为千年宋城。回首千年时光时，我体会到的是白蛇与许仙的缠绵迷离，是梁山伯与祝英台的情深意浓，是岳飞抗金的气贯长虹，是宋宫宴舞的富丽华贵……铺开杭州地图，我们就可以看到：城西，一汪清澈的西子湖千古悠然；城南，壮丽的钱塘江依城而过；城北，杭嘉湖平原沃野千里；城中，十余条古河道灵动流淌……天赋的自然条件让杭州拥有一个令人艳羡的称谓——“人间天堂”。

这是上帝对杭州人民的厚爱，在这片古老大地上的教育工作者浸润着这千古文化，其文化的积淀非常深厚。因为，千古以降，良渚文化、吴越文化、南宋文化、明清文化在这个“天堂”里留下了太多厚重的积淀，文物古迹、历史民居、民间艺术、宗教民俗等璀璨的人文景观与秀美的自然景观互为辉映，令杭州这座华贵之城倍增魅力。正是这种文化的熏陶，使得杭州的教育在全国能独树一帜！杭州教育旗帜上面我们可以清晰地看到：灵秀！

这灵秀的背后就是杭州那瑰丽、灿烂而又凝重的历史和文化。

站在学校文化的角度来看，我们都知道教育需要环境，社会、历史文化就是学校文化的母体。每一所学校就是吮吸着这母体的乳汁生成和积淀的。

当我来到钱江新城，看到杭州新城的地标——日月同辉时，作为一个来自广州的校长，我被深深地震撼了！钱江新城位于杭州市城区的东南部，钱塘江北岸，距离西湖风景区约4.5公里，距萧山国际机场约18公里。占地面积约15.8平方公里。整个钱江新城是以钱塘江为依托的宽阔城宇，体现现代、开阔、大气。它与西湖的秀美形成一种强烈的反差，并与之相互辉映，达到至美的境界，同时蕴涵杭州的灵气、文化、历史、个性和特色。作为一个城市能如此大气，难怪杭州的教育有这么大的作为！作为一个地区，应该是有大气魄就有大作为；作为一所学校，有特色才能鹤立鸡群，才能在办学道路上走得更远！因为有特色，有风格，才有风采，才有优越！

课堂，教育理论的栖身地

2010年4月19日　星期一　天气　雨

大屏幕上播放的是学生们自己在学校操场上活动的情境，学生们在欣赏自己熟悉的画面的同时，数学老师徐晓梅开始带着学生走进了“加法运算定律”这一节课。40分钟的课，我觉得一晃就过去了，从教学过程来看，徐老师在教学生进行观察，在教学生进行猜想，在教学生进行验证，在教学生进行总结。这些就成了这节课的主要教学环节。令我大为吃惊的是，无论是在导入环节，还是在观察、猜想、验证以及结论环节中，徐老师都带领着学生沉浸在预设的教学情境中。这是我们在南通师范第二附属小学听到的第一节课。接下来我继续听了戴老师的语文课《悯农》，陈耀华老师的音乐课《看大戏》、柳老师的数学课《用字母表示数》、陆老师的美术课《话说京剧脸谱》等四节课，随后，我们和二附小的施建平副校长、杨悌副校长进行了深度的交流。

通过第一天的观课、交流，我觉得南通二附小作为情境教育的始创地，他们是真正在做情境教育。也正是通过今天全方位、多角度的交流，我对情景教育有了初步的认识。施副校长曾是江苏省最年轻的特级教师，32岁就评上了特级。这是个令我吃惊和敬仰的成绩，因此从他口中所诠释的情境教育，我听得格外认真。

施校长说，情境教育，是全国知名特级教师李吉林老师依据马克思关于人在活动与环境相互作用和谐统一中，获得全面发展的哲学原理构建的。"情境教育"之"情境"是"有情之境"，是"活动之境"，是一个有情有趣的网络式的师生互动的广阔空间。情境教育不仅从哲学上找到依据，而且还从科学上借鉴现代心理学的暗示、移情、角色学、心理场等研究成果，构成情境教育的基本原理。就目前我国教育界来说，几乎是无人不知、无人不晓，我们一线老师都以李吉林老师为楷模，我相信高校中研究基础教育的专家，肯定绕不开李老师这个坎。

作为一种教育理论，它包含了以下原理：

暗示诱导原理。它根据儿童的认知特点，综合运用各种图画、音乐、表演等艺术形式，让学生进入情境当中，从而激发学习的热情和动力。

情感驱动原理。它主要是利用移情作用，让学生不自觉地进入老师创设的情境当中去，从而提高学习的效率。

角色转换原理。就是让学生在"进入情境—担当角色—理解角色—体验角色—表现角色—自己与角色同一，产生顿悟"这些环节中，实现与情境中的角色进行互换，这样学生就会强化认识，强化自己的心理体会。

心理场整合原理。情境的创设不是随机而随便的，而是根据教育意图进行系统的规划和整合，在"情境、教师、学生"之间进行有效的整合，使师生进入一种和谐而富有激情的教学情境当中去。即大家说的"沸腾"状态！

作为一个一线教育工作者，我进行过许多教育实验，有单独的显得幼稚的尝试，也有跟着所谓的专家教授的课题研究，尽管我们都是潜心作为，但由于诸多原因，在效果上还需努力。而南通二附小的情境教育实验，不但坚持下来了，而且还从情境教学走向情境教育，到目前进行的“情境课程”和“情境管理”。

我们大家都知道，情境教育是从语文教学起步的，主要是李吉林老师针对学生对“认、读、记、练”不感兴趣，理解不到位等状况，大胆进行了改革，进行的教育实验。由于有李老师的引领，该校的所有老师都在进行着情境教育实验。如今，不但是文科在进行着情境实验，而且理科也在进行；不但在校园内进行，而且在野外也进行；不但在教学领域进行，而且在德育领域甚至管理领域也进行。

特别令我感兴趣的是该校提出的主题性大单元“情境课程”理论，李老师提出了“以德育为主导，以语文学科为龙头，以儿童为主体各科联动”的主题性大单元情境课程的主张，使学科教育在一个主题统领下，在大单元的组合中互动、互补，从相互迁移，达到相互强化。并把关注的目光放置于社会、放置于野外！野外主题大单元是一个综合系统，能融合所有的教育因素和教育环节。施校长给我们举了一个池塘的例子。“在学生的眼中，一个池塘只是由水及水中动、植物构成的情境。只有在教育者手中，镶嵌其中的数学元素——池塘的面积、池塘的直径、池塘的周长、容积……才能凸显出来，成为学习的对象。同理，生态的元素、审美的元素亦然。”这就是野外情境的魅力！李老师的野外情境课程从教育实践层面开启了情境认知理论的应用研究，不仅给课程设计者增添了新的研究内容，也为重新思考儿童认识规律和认知结构提出了新的解构途径。

当下，我国素质教育和新课程改革实验已经进入一个全新的境界，旧的问题和矛盾没有得到彻底的解决，新的问题和矛盾又已经出现。在这新旧矛盾叠加的时刻，需要我们保持一颗冷静的心——思考教育教学中的各种问题和矛盾，寻求解决之道；同样也需要我们有一颗火热的心——积极投入到生动活泼的一线，进行真真切切、实实在在的教育教学改革，让我们的课堂真正成为教育教学改革的栖身地！

教师发展是学校发展的基础

2010年4月20日　星期二　天气阴雨

“同学们，你们刚才得出了一个令老师都感到非常欣慰的结论：中心位置变了，事物的方位也会随着改变。因此，在定位的时候一定要根据另外一个事物来定。”这是数学教师张丹瑾老师在课堂上对学生讲的话。

“一人巷，二沟头，三里墩，四步井，五步桥，陆洪洞，七佛殿，八里庙，九华山，十里功。”“大宋，天子生龙庭，包相回朝转，午门办花灯。我办的是：一团和气灯，和合二圣灯，三羊开泰灯，四季平安灯，五子夺魁灯，六国封相灯，七擒孟获灯，八仙过海灯，九子十成灯，十面埋伏灯。”这是音乐教师姜陈晨老师在教京剧时给学生唱的唱词。

“妾容如桃萼，郎心如竹枝；桃花有谢时，竹枝无时衰！”在出示这首诗后，陆红兵老师又给学生播放了季羡林老先生的相关视频。最后，课堂在对季羡林老先生深深的怀念中结束。

今天我们在南通二附小听了数学、音乐、语文、美术等课，每节课都是该校的常态课，是该校教师平常给学生上课的状态，并没有因为我们的到来而有任何表演成分。

另外，令人非常吃惊的是，该校教师的整体专业水平非常高！

乌申斯基曾经说过：“教师人格对于年轻的心灵来说，是任何东西都不能代替的最有用的阳光；教育者的人格是教育事业的一切。在教育工作中，一切都应该以教师的人格为依据，因为只有从教师的人格的活的源泉中，才能涌现出教育的力量。任何规章制度，任何人为的机关，无论设想得多么巧妙，都不能代替教育事业中教师的人格。因为只有人格才能影响人格的形成和发展，只有性格才能形成性格。”从这句话我们可以看出，对教师的管理是不能单纯靠学校制度的强力推进的，在教师专业化发展方面尤其如此。南通二附小的老师在跟我交流的时候，说的最多的是这样做有成就感，这样做有幸福感，这样做有尊重感。他们跟我说，领导从来就不强逼他们学习、写论文、加班，这一切完全是自己自愿的行为！自己追求上进，自己追求卓越！正是这样的原因，造就了南通二附小这支优秀的教师队伍。

也正是教师这样的自我认知造就了教师的自觉行为。美国学者凯尔卡特曼（Kelchtermans）认为："在教师的情感与认知、自我与环境、道德判断和有目的的活动之间存在着非常复杂的互动和关联，只有立足于这种复杂性，教师的职业活动才可以被更全面、更深刻的理解。"有了这样的情感认知，教师就会自觉地改善自己的教学行为。他们通过各种途径去学习，如观摩听课、说课点评、拜师访学等。

因此，教师的专业化发展首先要解决的问题是教师自身的教育思想问题，如果没有科学的思想引领，要想教师取得良好的专业发展成绩是非常困难的。如德国诗人海涅所说的，思想走在行动之前，就像闪电出现在雷霆之前一样。因为，教师的任何一种教育行为的背后都有教育思想和教育理论的影子。

作为校长，我追求学校的发展！要做到这一点，我必须让老师追求自身的专业化发展。我认为，学校的发展是建立在教师的专业发展之上的。

高效的课堂是学生减负的前提

2010 年 4 月 21 日　星期三　天气　阴

"我们强化教师的集体备课，坚持让教师在进课堂前就对 40 分钟有一种神圣感，有一种使命感。40 分钟课堂是否高效取决于教师的教学水平和教学能力，40 分钟的课堂直接影响着学生的学习、学校的声誉甚至是学生、学校的生命！因此，学校的集体备课时间是雷打不动的！作为二附小，我们的理念就是减轻学生的负担，前提是提高课堂教学效率。没有保证40分钟的质量，就不可能保证学校的整体教学质量。为了这个目标，我们致力于创设和优化课堂教学情境，力求使每节课达到‘教师有情、手段生动、学生主体、训练精当’。这16字方针就是我们提高课堂教学效率的基本保障。”上午，谈到减轻学生负担这个话题时，二附小的吴校长如是说。

下午，在跟南通三中的张校长交流时，他也谈到了相关的话题：

“我们南通目前最大的三个亮点就是：优质初中，特色高中，办江海名校！为什么可以这样讲呢？那是因为我们在真真切切地执行全国的课程计划，不增加学生的课外负担，周末从来不补课。学生在我们这里的学习是轻松的，也是愉快的。关于课外家庭作业的问题，我们有个做法：假如家长觉得孩子晚上的作业太多，影响了孩子的休息，那么只要家长在作业上面签个字，那么当晚的家庭作业学生就可以不完成。这样做的目的不是放纵我们的学生，而是在约束我们的老师，促使老师要花心血、花心思让学生利用在学校的时间把该掌握的全部掌握！要做到这点，唯一的办法就是提高教师的课堂教学效率，每个老师都要向优质高效课堂看齐！”

这两个校长不约而同地提到了提高课堂教学效率的问题，对我的触动非常大。

所谓课堂教学效率，是指在课堂有限的时间内学生掌握知识的程度、能力的培养和知识的增幅三者之和所达到的效果。也可以指每个学生实际的时间精力投入的总和所“产出”的知识、品德、智力及非智力因素等实际所得的总和。从投入和产出的关系来分析，当然是投入越少产出越大，这样的效率就越高。因此，高效的课堂应该是师生投入的精力、时间越少，而得到的教学效果越多。

作为一个校长，就应该与教师一道去研究如何提高课堂教学效率这个重大教育课题。如果我们从教学要素来分析，就会发现影响和制约课堂教学效率的主要因素是教师、学生和教学方法。从教师这个角度来分析的话，不难发现目前普遍存在这样的错误认识：老师越“认真”越有效，教师“灌”得越多越有效，教师“磨”得越多越有效。从实际教学来看，并不是指教师是否“认真地教完”内容，而是指学生是否“学到”、“学好”了。如果学生不想学或者学得没有收获，即使教师教得再辛苦也是无效教学。同样，如果学生学得很辛苦，但没有得到应有的发展，也是无效或低效教学。同样，如果只是灌学生、磨学生，得到的结果是向学生灌得越多，学生就越不会动脑筋；磨得越厉害，学生就越没有后劲。

课堂上的浪费是最大的浪费，课堂上的无效是最大的无效。南通三中与南通二附小的校长对此的看法是清晰的，所采取的态度是明确的，那就是反对无效的课堂行为。让老师明白，无效的话不说，无效的练习不做，让每个老师都要经常思考怎样去教学才最有效果，要采用恰当的教学方法，让课堂教学更加和谐有效。这是我在今后的教学管理中必须落实的关键之一。

启东中学：教育界的奇迹

2010 年 4 月 22 日　星期四　天气　阴

“百年通中，人才辈出”，这是国家第三代领导核心江泽民总书记在参观南通中学时给该校题的词。这是江泽民总书记唯一一次直接在题词中出现具体校名的题词，由此可见南通中学的卓越成绩。也难怪，该校的毕业生中光院士就 25 个，其中全国最年轻的院士就出自该校。上午我们参观的就是这所中华名校，下午我们继续驱车 120 多公里，来到启东中学。启东中学校长是个非常了不起的人物——两届全国人大代表，当今国家级核心领导人都接见过他，其中与温总理就有三次面谈机会。启东中学校长辉煌的背后就是全国教育界瞩目的“启东中学”现象。

启东中学位于万里长江入海口的北岸、美丽富饶的黄海之滨，是一所已有 82 年历史的国家级示范高中和江苏省四星级学校，是全国精神文明单位。该校1995年以来连续在国际中学生数理化奥林匹克竞赛中夺得了15块奖牌，创造了“全国农村中学第一”的骄人成绩：1994年以来，高考成绩一直名列全省前茅，获高校保送生资格的学生人数也高居全省各重点中学之首，也是全国36所具有保送北大资格的学校之一（全国唯一的一所县级中学）。温总理曾对王生校长说：“全国教育看江苏，江苏教育看南通，南通教育看启东！”这是一个神奇的学校！

我们参观校园后，就在学校行政楼见到了王生校长。给我的第一印象就是他谦和沉稳、朴实无华，风格非常平实。王生校长告诉我们，他是个地地道道的启东人，还是地地道道的农村人。1981年，20出头的王生大学毕业后分配到了启东中学任高中数学教师，凭着对教育事业的执著热爱和从小就已养成的吃苦耐劳、积极进取精神，工作中勤奋好学，刻苦钻研教学业务，很快就显示出了一位优秀教师特有的潜质和人格魅力。在他的精心指导下，仅用两年工夫，其所任班级中就有5位学生夺得全国高中数学联赛的一、二等奖，开创了启东中学在全国夺奖的先河。

由于德才兼备，教学工作成绩突出，1984年下半年，年仅26的王生就被破格提拔为启东中学主抓教学的副校长。有了这样的引路人，启东中学很快就以优异的教学质量跻身于省重点中学的前列，先后获得了江苏省规范学校、省德育先进学校、省文明单位标兵、省党建工作先进单位等一系列荣誉，并于1998年成为国家级示范中学。同年年底，王生出任启东中学校长。

王校长是一个典型的书生校长，真正是静心学习，潜心办学。当了副校长后觉得管理知识欠缺，就又进修了教育管理专业，1995年获得了中国科技大学管理学硕士学位。1998年，王生又考入了南京师范大学攻读教育学博士学位，成为江苏省中学中第一位博士校长，也成了我国县级市中学中的第一位博士校长。

从1994年起，启东中学的高考成绩就一直稳居在江苏省前茅。

高考本科上线率达95%以上，重点本科上线率达90%以上，2001年总均分分获江苏省文理科第一、第三名。2002年总均分名列全省各重点中学榜首，其中语文列全省第一，数学列全省第二。2003年总均分再次名列全省第一。在启东中学校园里，还有一座带有奥林匹克标志的高大丰碑，碑座上刻着几行大字："启东市委、市政府为表彰启东中学国际奥赛中屡获殊荣，专立此碑。"1995年以来，启东中学在国际奥赛中共摘得15块金银牌。启东中学在体育、文艺、小发明、小制作等方面也培育了不少特长学生。在全国发明展览会上，该校学生共获10块奖牌，陈骏马的《低阻水风力驱动装置》获得国际中学生发明展览会金奖。学校被评为第十五届江苏省亿利达青少年科技发明先进单位。

学校在大力培养尖子生的时候完全没有放弃其他学生。王校长的办学理念是"面向全体学生，促进学生的全面发展，培养学生的个性与特色，为学生的终身发展奠基！"这是其校园文化的精神铺垫，而在学校的实际管理层面，他狠抓落实"四个学会"。第一，是让学生学会做人。学生进入学校的第一节课就由他亲自讲授，主要就是讲做人的道理。学校要求每个学生要背诵《弟子规》、《三字经》等古训，并将这些古训作为教育的开始。第二，就是让学生学会学习。他认为没有高质量的教学质量就称不上高质量的素质教育；学生没有高质量的学习成绩，学生也称不上是优秀的学生；校长的核心工作就是抓教学质量。第三，就是让学生学会创新。学校鼓励学生进行小发明和小创造。第四，就是让学生学会健体。他投入了大量的人力物力，目的就是让学生要把身体锻炼好。目前该校学生均体育经费为1万元！这点，我们刚进入校门时就看到了，很多学生在运动场上进行各种锻炼，其中有很多女同学在打篮球、踢足球。

当我们的同行问王生校长，学校对尖子生的培养会不会影响到大多数学生的发展时，王生的回答是：拿"牌子"不是他们追求的目标，他们学校的目标是在这些尖子学生的引领下，激发所有学生的热情，挖掘所有学生的潜力，使每一个学生都能在原有水平上得到提高。王校长告诉我们，2004 年，他在十届全国人大二次会议上，结合江苏教育，特别是启东中学的实际，又作了题为《用科学的发展观指导农村教育的发展》的发言，引起了温家宝总理的浓厚兴趣。他告诉温总理，启东中学 70% 的孩子来自农村，一般每月伙食费约 200 元就够了，特困生学校再给予补贴，保证不让一个孩子辍学。启东中学 95% 的教师是本科以上，硕士、博士也不少，学校老师的素质都很高。王生代表提出的“统筹城乡发展，必须大力发展农村教育”等观点，温总理听后频频点头表示赞同。

最后，王校长还同我们谈了作为一个全国名校长的几点工作感悟：第一，一定要争取到当地党委和政府的支持和关心，这是一切的基础；第二，就是要班子团结合作，领导班子优秀校长才优秀，一个搞内耗的班子是不可能优秀的；第三，就是要培养一支优秀的教师队伍，因为教师队伍是一个学校能否成为大厦的支架，非常重要；第四，就是要组织管理好学生，注意学校的“三风”建设；第五，就是校长一定要加强管理，向管理要质量，向管理要效率，向管理要品牌！因为管理走到深处就是制度，走到高处就是文化！

“路在脚下，拼搏在心中”这是我们对王校长成功的最大感触！“启中现象”是一部生动的传奇。其辉煌和风光的背后，可以说是对平庸的改造，是对流俗的反叛，是对淡雅的丰富，是对质朴的优化。他们所创造的一切不是在抱怨中所能取得的，不是在空谈中能取得的，不是在计较中能取得的。这是一种精神，更是一种境界！

随笔三：精华摘录

当一天校长，就有责任维护教育的终极目的，不是为了学生一次 100 分，也不是为了与其他学校比个什么，更不是为了敛财，而是发自内心地爱学生爱教师。

——摘自《王崧舟的新成功教育》

当新成功教育成就了成千上百教师和学生的同时，许多人认为，是王崧舟成就了新成功教育。王崧舟却认为，新成功教育也成就了他，成就了他作为一个教育工作者的理想和抱负。

——摘自《新成功教育：一位校长的领导哲学与管理智慧》

新成功教育：一位校长的领导哲学与管理智慧

——记全国“五一”劳动奖章获得者王崧舟校长

樊平军　杨雪翠

古运河边，拱宸桥畔，矗立着一所具有百年历史的小学——杭州市拱宸桥小学。近年来，这所古老的小学实现了跨越式发展，一举成为杭州市的新兴名校。近八年来，学校先后荣获浙江省文明单位、浙江省依法治校示范学校、浙江省绿色学校、浙江省校本教研示范学校、浙江省现代教育技术实验学校、浙江省红旗大队、浙江省中小学心理健康辅导一级站、杭州市实验小学等荣誉称号。

在学校的发展史上，有一个名字深深地镌刻在行者之路上——他就是全国著名特级教师、全国“五一”劳动奖章获得者王崧舟。

2001 年 8 月，王崧舟作为杭州市拱墅区教育局引进的第一位人才来到拱宸桥小学。这是一所地处杭州城北城乡结合部的普通小学，边缘区域和生源基础使学校的发展面临诸多困境和困惑。他和同事们一起，正视现状、深入调查、冷静分析、兼容思考，大胆提出了“新成功教育”的办学宗旨和理念。八年来，他把一位校长的领导哲学和管理智慧，全部倾注在新成功教育的变革和实践上。

学校文化：为每个孩子成功的人生奠基

王崧舟认为，要让一种先进的教育理念真正深入师生内心，必须在学校文化的培育和建设上下工夫、做文章。因此，王崧舟不仅自己身体力行，在开学典礼、晨会、学生表彰等活动中大力弘扬新成功教育，还带领老师们通过物态文化、制度文化、活动文化等载体的建设，使学校成为孩子们走向成功、放飞希望的肥沃土壤。

（1）雕塑·长廊·展示墙——“新成功教育”物态文化载体。

（2）章程·条例·喜报制——“新成功教育”制度文化载体。

（3）仪式·典礼·成功节——“新成功教育”活动文化载体。

通过八年的努力，拱小逐步形成了“为每个孩子成功的人生奠基”的新成功教育文化，孩子们在耳濡目染中逐步变得自信乐观，充满了昂扬向上的阳光气质。

课程取向：做最好的自己

王崧舟敏锐地意识到，在“新成功教育”的实施路径中，课程，尤其是校本课程的开发是一个极为重要的载体。几年来，学校形成了以“自主成功”为核心的校本课程体系。该体系由四大板块构成：“成功心理辅导课程”、“课外阅读考级课程”、“运河文化探究课程”、“经典才艺拓展课程”。无数的孩子，在校本课程中找到了自己的最佳发展区，变得书香，变得聪慧，逐步培养了成功心态。

（1）课外阅读考级——阅读的积淀决定精神的高度。

课外阅读考级，是学校抓住“终端评价”这个牛鼻子，对课外阅读这个系统工程实施的一次有效整合。整个考级从低到高分为“赤、橙、黄、绿、青、蓝、紫”七级，通过七级考试的孩子可以加入名著导师团。《小学语文教师》、《中国小学语文教学论坛》等刊物对此均进行了热点聚焦和深度探访。

（2）成功心理辅导——心态的砥砺决定精神的强度。

成功心理辅导，是学校专门针对小学生的心理结构和特点，自行研究、自行开发的旨在培养和塑造学生成功心态的校本课程。内容包括，小学生的成功智力开发、成功情感培养、成功意志磨砺和成功潜意识的植入。

（3）运河文化探究——阅历的丰厚决定精神的广度。

2003年，学校开发了运河少年文化研究院校本课程。研究院有专门的活动场所，布置典雅，文化气息浓郁。自成立之日起，研究院开展了丰富多彩的研究活动："千年运河千里行"活动；编写杭州风情小册子；开展"相约拱小，情系运河"文化论坛等。小研究员们走访了近50多处杭州文化古迹；收集并整理资料百万字；完成了几十个小课题报告。

（4）经典才艺拓展——情趣的多元决定精神的亮度。

经典才艺拓展，是一个社团型的校本课程。由学生民意调查投票产生，以俱乐部的形式开展活动。学生自主选举部长，自主开展活动，教师起到辅助引导作用。八年来，足球、古筝、象棋、小记者、越剧社等一系列校本课程的开发让孩子们在各自的天地里尽情施展他们的才华。

领导哲学：成全教师就是成全自己

王崧舟有一句名言：教师成功是校长最大的成功，对校长而言，成全教师就是成全自己。

王崧舟认为，教师成功，从某种意义上讲就是"专业自觉"的成功。对教师的最大成全，就是唤醒和鼓舞其"自我成全"。要唤醒教师的"自我成全"意识，召唤他们走向"自我成全"的道路，只有两大"法门"，第一是促成读书，第二是促成反思。

为此，学校千方百计地为教师搭建各种"唤醒自觉、成全自己"的研修平台。

（1）修炼手册——唤醒教师的生涯意识。

在拱小，教师们从来不用写所谓的工作计划、工作总结，取而代之的是人手一份、天天相随的《自主成功修炼手册》。

（2）教师书斋——丰厚教师的文化底蕴。

“腹有诗书气自华”。王崧舟认为，当教育经典名著能够有效地内化为教师的教育理念、教育思想、教育行为和教育习惯的时候，那么教师的专业发展就会如有源之水、有本之木。

（3）校本研修——成全教师的专业发展。

每周五的“校本研修”时段，以“名师引领”、“热点聚焦”、“新秀竞技”、“主题教研”为主体板块。

（4）多元激励——强化教师的成功体验。

王崧舟主张对教师的评价不搞一刀切、齐步走，而是根据每一位教师的特长、天赋、职业偏好和个性化成就设奖，多用几把“尺子”去衡量教师，让每一位教师都能看到自己的成长标杆和台阶。根据这一原则，学校设置了教学质量优胜奖、教科研标兵奖、成功班主任奖、课堂教学风采奖、精诚协作奖、好师傅奖等各种奖项，同时还特设开放奖项，供教师们根据实际自主申报。

八年来，学校创造了各种机会和平台成全教师的职业理想，帮助教师走向成功，使拱宸桥小学一跃成为杭城师资力量最强的小学之一。目前，学校拥有 70 名教师，平均年龄 32.7 岁，本科学历占75.8%，小学高级教师及以上职称占62.9%，中共党员占48.4%。有特级教师 1 名、省教坛新秀 1 名、省优秀教师 3 名、中学高级教师 6 名、杭州市教坛新秀 11 名、拱墅区名师 4 名、拱墅区教坛新秀 16 名、拱墅区骨干教师 11 名。仅 2008 年，教师在各级各类刊物上发表教育教学论文就达 45 篇，在省市区各级教育教学竞赛中获奖人次达 271 项。

王崧舟与新成功教育，引起了社会各界广泛的关注：《人民教育》、《中国少年报》、《浙江日报》、《杭州日报》等各大报刊纷纷在显著位置刊登拱宸桥小学开展新成功教育的情况。近三年以来，学校先后接待来自全国各地的教育考察团 40 多批次，“王崧舟工作室”培养挂职学员68名，“新成功教育”的文化品牌覆盖面已经涉及浙江、江苏、江西、云南、新疆、福建6个省近50所学校。

在新成功教育成就了成千上百教师和学生的同时，许多人认为，是王崧舟成就了新成功教育，王崧舟却认为，新成功教育也成就了他，成就了他作为一个教育工作者的理想和抱负。

【链接1】

教师自主成功修炼手册

表一：目标规划

（1）本学期我要达成的三个核心目标。

（2）实现这些目标的充足理由。

（3）达成目标的监督者、帮助者。

表二：步骤安排

步骤1：决定要成功。

步骤2：写下已经量化的目标，并列出要实现目标的充足理由。

步骤3：用多树杈方法制订计划，分解目标，倒推至今天，设定时间表。

步骤4：列出所有的必要条件及充分条件，注明解决方法。

步骤5：告诉自己：要实现什么样的目标，自己就必须变成什么样的人。

步骤6：运用潜意识的力量，正面自我暗示，永远积极思考。

步骤7：行动第一，立即行动，大量行动，开始忙起来。

步骤8：每天睡觉前做自我检讨，衡量进度，做积极修正。

步骤9：坚持到底，永不放弃，直至成功。

表三：自我修炼

修炼项目（　　）

影响力黄金表

星期一	星期二	星期三	星期四	星期五	星期六	星期日

表四：清晨四问

（1）我今天的目标是什么？

（2）我今天最重要的三件事是什么？

（3）我今天准备在哪些方面进步一点点？

（4）我今天如何更快乐些？

表五：静夜四省

（1）我今天是否完成了目标？

（2）我今天是否做完了该做的事情？

（3）我今天在哪些方面还做得不够好？

（4）我如何才能做得更好？

表六：心理暗示

自我激励：你是最棒的，你一定行。

自我关心：你要注意身体。

自我奖励：祝贺你，这份礼物送给你啦。

自我批评：你不该这样的。

自我惩罚：这件事是你不对，罚你去做好事，补偿一下。

自我开导：你应该想开点，何必计较这些小事。

自我提醒：你可不能放弃哟。

自我安慰：你没有失败，只是暂时还没有成功而已。

自我要求：你一定要努力，加油干。

自我表扬：你真的很优秀。

自我命令：别再犹豫，马上行动。

表七：自我评估

（1）本学期三个核心目标的实现情况。

（2）本学期其他任务的完成情况。

（3）在目标实现过程中，我在这些方面得到了哪些成长和发展。

（4）假如我能这样，本学期在实现下列目标时我可以做得更好。

（5）我希望学校和同事们能给我以这样的帮助。

【链接2】

教师多元激励奖申报表

<table>
<tr><td colspan="2" rowspan="2">姓名</td><td rowspan="2"></td><td rowspan="2">参加工作时间</td><td>任课</td><td></td></tr>
<tr><td>任职</td><td></td></tr>
<tr><td rowspan="6">申请奖项</td><td>序</td><td>奖项</td><td colspan="2">说明</td><td>自评</td></tr>
<tr><td>1</td><td>教学质量优胜奖</td><td colspan="2">语数学科教学质量优异：学科期末考试平均分居年级第一，任教两班数学的，两班综合平均分超年级常模，并且其中一班平均分居年级第一</td><td></td></tr>
<tr><td>2</td><td>教学质量团体奖</td><td colspan="2">语数学科教学质量整个年级成绩优异，在区抽测中超区常模</td><td></td></tr>
<tr><td>3</td><td>教科研标兵奖</td><td colspan="2">教科研工作出色，课题立项、在科研成果和论文评比中成绩显著</td><td></td></tr>
<tr><td>4</td><td>成功班主任奖</td><td colspan="2">班主任工作扎实、有效，班级财产管理、使用有序，班级中无严重安全事故和违纪现象，一学期被评为成功班级不少于12次</td><td></td></tr>
<tr><td>5</td><td>课堂教学风采奖</td><td colspan="2">在区级及以上课堂教学竞赛或展示中成绩显著</td><td></td></tr>
</table>

（续表）

<table>
<tr><td colspan="2" rowspan="2">姓名</td><td rowspan="2"></td><td rowspan="2">参加工作时间</td><td rowspan="2"></td><td>任课</td><td></td></tr>
<tr><td>任职</td><td></td></tr>
<tr><td></td><td>序</td><td>奖项</td><td colspan="3">说明</td><td>自评</td></tr>
<tr><td rowspan="8">申请奖项</td><td>6</td><td>精诚协作奖</td><td colspan="3">主动、乐意承担并出色完成学校临时性工作，与领导、同事善于沟通合作，关系融洽</td><td></td></tr>
<tr><td>7</td><td>好师傅奖</td><td colspan="3">师傅有计划地对徒弟进行辅导，相互听课总计25节以上，徒弟在教育教学中成绩显著</td><td></td></tr>
<tr><td>8</td><td>本职工作出色奖</td><td colspan="3">勤勤恳恳做好本职工作，在学校各项常规工作检查中表现突出</td><td></td></tr>
<tr><td>9</td><td>爱生模范奖</td><td colspan="3">工作受学生欢迎、家长认可，受到学生和家长的一致好评。爱学生，给学生学习上、生活上以无私帮助，深受学生欢迎，事迹典型并效果显著</td><td></td></tr>
<tr><td>10</td><td>优质管理奖</td><td colspan="3">管理上大胆改革，锐意进取，所分管的工作取得较好的成绩和效益。全心全意为教师服务，深得教师的认同和首肯</td><td></td></tr>
<tr><td>11</td><td>成功辅导奖</td><td colspan="3">辅导学生参加区级以上各种竞赛和活动取得优异成绩</td><td></td></tr>
<tr><td>12</td><td>教坛新人奖</td><td colspan="3">教龄在3年及以下，但能较快地胜任本职工作，在教学上或班主任管理中表现优秀</td><td></td></tr>
<tr><td>13</td><td>（开放奖项）</td><td colspan="3">（教师根据实际自主申报）</td><td></td></tr>
<tr><td>理由陈述</td><td colspan="3">第一选项：</td><td colspan="3">第二选项：</td></tr>
<tr><td colspan="3">学校审核意见</td><td colspan="4"></td></tr>
</table>

【链接3】

一、学习的主要行程

我们从4月11日到达学习的第一站：杭州，18日离开杭州到江苏的南通，24日结束学习回到广州，共计2个星期。具体安排如下：

第一站：杭州

	4月 11日 星期日	4月 12日 星期一	4月 13日 星期二	4月 14日 星期三	4月 15日 星期四	4月 16日 星期五	4月 17日 星期六	4月 18日 星期日
上午		跟岗 学习	跟岗 学习	跟岗 学习	跟岗 学习	跟岗 学习	文化 考察	文化 考察
下午		跟岗 学习	跟岗 学习	跟岗 学习	跟岗 学习	穗杭校 长论坛	文化 考察	出发去 南通
晚上	晚8：15 飞杭州	小组 讨论	小组 讨论	小组 讨论	小组 讨论	大组 讨论		

第二站：南通

<table>
<tr><th></th><th>4月19日
星期一</th><th>4月20日
星期二</th><th>4月21日
星期三</th><th>4月22日
星期四</th><th>4月23日
星期五</th><th>4月24日
星期六</th></tr>
<tr><td>上午</td><td rowspan="2">分小学、初中、高中三组跟岗学习</td><td rowspan="2">分小学、初中、高中三组跟岗学习</td><td>集体参观一所小学</td><td>集体参观一所高中</td><td>文化考察</td><td>文化考察</td></tr>
<tr><td>下午</td><td>集体参观一所初中</td><td>集体参观一所民办学校</td><td>文化考察</td><td>下午1：10飞机返回广州，全部行程结束</td></tr>
<tr><td>晚上</td><td>小组讨论</td><td>大组讨论</td><td>大组讨论</td><td>大组讨论</td><td></td><td></td></tr>
</table>

我与天河华阳小学的王建辉校长、增城荔城二小的何满佳校长、黄埔文船小学的龚建辉校长为一组，我任组长。

二、具体学习要求

（一）跟岗学习期间

（1）观察和参与校长的日常工作，观察学校的日常运作。

（2）以各种方式（交谈、座谈等）了解所在学校校长的教育理念、管理理念以及做法、成效等。

（3）建议听课至少一天（可集中听，也可分散开听），课堂是了解一个学校办学理念的最佳途径；除了听课，还要参与或者了解备课、评课等活动；同时建议校长亲自上一节课。

（4）请通过座谈、参观等方式了解学校的德育工作、教学管理工作、后勤工作、课外活动、少先队活动、家校合作、品牌建设、校园文化等。

（5）与任课教师座谈，了解他们对教育、教学、学校管理、教师成长等方面的看法与做法、观察与思考。

（6）跟岗学习期间，请大家注意做好记录（拍照、摄像、笔记），收集资料。

（7）请大家做好“三节课”：听课一节、评课一节、上课一节，并把听课、评课记录整理好。

（8）每晚进行的小组讨论，建议：

①总结当天最主要的收获、对自己的启发，思考对明天学习的希望和要求。

②每次讨论请组长统筹安排，做好记录和整理，将好的经验与大家分享，将疑问提出来与大家一起探讨。

③每次讨论最好在广泛讨论的基础上提炼一个主题。

（二）需提交的学习成果

九个一：

一张照片：你认为最能反应跟岗学校的特色或者你感受最深的一幕。

一句话：表达你最深的感受或者最大的收获。

一份日志：记录你每天学习的内容和心得、思考。

一节听课和评课记录：记下你印象最深的一节课，同时也记下你对这节课的点评。

一篇分析报告：对你所跟岗学校的观察与思考。

一篇总结：对本次学习（全程）的总结与思考，收获与不足。

一个汇报：向领导提交。

一次分享：与自己学校的全体老师们分享你本次学习的收获和心得。

一份建议：对本次学习安排的想法，特别是需要改进的地方，请大家惠赐建议。

第七章

赴广东省中小学校长实践基地跟岗学习总结（精选）

2005 年，广东省教育厅颁发《关于建立广东省中小学校长培训实践基地的通知》，2006 年，广东省教育厅制定《广东省中小学校长培训实践基地管理办法》，在珠江三角洲遴选并确立 71 所中小学校长培训实践基地。自 2006 年起，连续五年，每年有近 100 名来自农村山区的校长到实践基地进行挂职锻炼。五年来，我们积累了 500 篇校长跟岗总结，以下这三篇是从其中精选出来的。

总结一：播下爱的种子，铸造现代创新教育品牌①

2008 年 10 月 22 日开始，我受汕头市潮阳区教育局的委派，荣幸地成为广东省中小学校长培训中心第三批省内挂职锻炼的成员之一，来到深圳市南山实验学校麒麟中学跟岗学习。在两个月里，我在实践中学习、感受南山实验先进的办学理念、科学的管理体制以及作为全

---

① 汕头市潮阳区茂广初级中学陈坚洪

国著名教改先行者的丰硕成果，本着多看、多听、多问、多思的原则，全程参与了挂职学校的常规管理。

深圳市南山实验学校，前身为南头小学，创办于1932年，是广东省第一批“省一级学校”，是教育部首批全国中小学现代教育技术实验学校、全国教育科学“十五”规划教育重点课题“网络教育的设计与评价研究”试验学校。南山实验下设南头小学部、麒麟小学部、鼎太小学部、麒麟中学部、荔林中学部、麒麟幼儿部，是一所集团化的九年一贯制学校。学校在不断的探索中形成了“兴趣、素质、育人”的办学模式，确立了实施素质教育的“面向全体、全面发展、突出个性、培养能力”和“做人——做中国人——做特区现代中国人”的培养总目标。学校在师资建设、教育信息化、课程改革实验和艺术、体育特色教育等方面取得了令人瞩目的成绩，实现了教育理论与教育实践的理想结合。

一、先进的教育思想和办学理念是铸造学校品牌的灵魂

（一）教育就是播种爱

“教育就是播种爱”，这是深圳市南山实验学校李先启校长教育思想的精髓。第一天来到南山实验学校麒麟中学部，分管人事的崔主任带我们参观校园，我一眼就看到学校教学大楼顶端的横幅：“爱学生、学会爱学生、让每一位学生感受到爱”。原来，这就是学校要求每一位教师必须具备的教育理念：热爱每一个孩子；会爱每一个孩子；欣赏每一个孩子；让每一个孩子都感受到爱；相信每一个孩子都是天才。

李先启校长作为南山教育集团的“老总”，是广东省第一批“百千万工程”的名校长、著名的教育专家。他工作非常繁忙，我们深入接触的机会不多，但是他的一言一行，却给我留下了深刻的印象。李校长为人谦逊和蔼，处事公正廉明，是一个教育管理者，同时又是一

个教育改革的思想家。他认为教育重在理念，不在乎采取何种操作手段，要“创造适合每一个孩子的教育，而不是选择适合教育的孩子”；他号召全体教师要减轻学生过重的课业负担，对学生学习兴趣的重视胜过学习结果；他努力纠正教师“宁难勿易、宁厚勿浅”的教学观念，强调应让学生从易入手，从基础学起，基础扎实了，有了一定的成绩，体验到成功的快乐，自然对学习产生了兴趣，老师再进一步提高要求，学生就容易接受。

学校上自校长、部长、主任，下至教师、职工，都在努力探索、实践“传播爱的艺术”。在升旗仪式上，学校领导的讲话、对上周工作的回顾，总能听到对好人好事的表扬，赞美之词溢于言表；在课堂上，老师们总能发现每一位学生的闪光点，千方百计鼓励学生勇敢地站起来回答问题、发表观点；校园里，处处能见老师搂着学生的肩膀，轻声细语地交谈着什么；广播里，时时听到对学生生命安全的关爱，还定期训练学生安全逃生的本领……

学校通过各种渠道，对学生灌输“爱”的思想——爱人：爱父母，爱兄弟姐妹，爱周围人；爱自然：爱家乡，爱大自然，爱祖国；爱学习：对学习兴趣盎然；爱生命：珍爱生命，珍惜人生，对生活充满信心；爱梦想：对未来充满希望和梦想，幻想和美梦；爱真善美：爱真——追求真理，诚实守信。爱善——有一颗感恩的心，同情的心，宽容的心，而不是一颗怨毒的心。爱美——自然美，科学之美，艺术之美，生命之美。

爱的教育已经成为南山实验学校的核心精神文化。

（二）做人——做中国人——做特区现代中国人

我们除了在挂职的麒麟中学上班，还有幸随李校长到其他分部参观考察。我们发现每个分部一进校门，就会看到一行大字，它就是南山实验学校的总培养目标。做人：具有全人类所共有的美德，做一个自律坚毅、勤劳勇敢、文明善良、诚实守信的人；做中国人：热爱祖国，以自己是中国人而自豪，做一个具有中华民族传统美德的人；做特区现代中国人：做一个具有现代意识面向世界的人。

为实现这一总目标，南山实验学校总是以超前一步的思想，敢于开拓创新，使学校教育形成了几大特色：

第一，以信息技术为核心的现代教育技术特色。学校把教育信息技术作为教师培训的必修课，通过多层级的培训，形成了一支现代教育技术的骨干队伍；校园信息网络系统为学生提供了搜集信息、处理信息、整合信息、创建信息的平台，提供了学生交互式学习、探究式学习、个别化自主学习和协作式学习的环境；以课题研究为依托来加速教育信息化工程的建设，这是南山实验学校教育现代化的一个重要举措。“现代教育技术与学科课程整合”等多项国家、省级实验课题，根植于校本的“信息环境下的八岁儿童读写实验”都取得了丰硕的实验成果。

第二，艺术体育科技教育特色。学校要求全体师生注意发掘教材的内容美、语言美和插图美，注重仪表美、心灵美、情感美，共同创造校园环境美和生活美，并引导学生把这种兴趣、情感迁移到学习中去，逐步形成学习动力。在“师生共同发展和成长”的理念下，学校组建了科技兴趣小组、实验小组，积极参加各种比赛活动，通过校园科技发明展览、绿色环保发明比赛等创新活动，激发了学生的创新热情，在历届的广东省乃至全国的青少年科技创新大赛上获得骄人成绩。

第三，教育国际化特色。学校努力建立一支立足特区，具有国际视野，善于利用国际教育资源，汲取各国优秀教育研究成果的教师队伍，经常派员到英国、美国、新西兰、澳大利亚、加拿大进行短期培训学习和教育考察交流。培养具有人文精神、环保意识、国际礼仪等素质的，适应现代社会发展需要的国际化人，才是学校的办学目标，学校努力为学生创造各种条件和机会，使学生有更多机会置身于国际文化背景中。麒麟中学在每个年级各开设一个国际班，聘请加拿大教师执教。11月6日专门邀请了加拿大列治文市教育总监和一位教育专家到国际班讲课，晚上举办了题为“教育工作者面对全面金融海啸和中国毒牛奶事件的深层思考”的教育论坛，会上两位外宾和李校长先后发言，国际班的学生熟练地用英语向外宾提问、交流。这场活动扩大了广大师生和家长们的国际视野，对学生进行了一堂别开生面的诚信教育课。

二、集团化、民主化、信息化的管理体制是铸造学校品牌的基石

南山实验学校建立了一套行之有效的、集团化管理的运行机制和管理制度：校长提出思想，副校长创造性地贯彻理念，部长组织实施各分部日常常规管理工作，中层干部分线条落实各项管理工作，为教学，为老师学生服务。他们各司其职，分工合作，上令下行，快速高效，保证了各项教育教学工作能够有条不紊地开展。挂职两个月，我感觉学校领导、老师工作节奏紧张有序，忙碌而充实，这正是深圳特区“时间就是金钱，效率就是生命”的真实写照。

学校建立民主的决策机制：通过完善教职工代表大会制度，充分发挥教代会的监督职能，不断强化人人参与管理的观念，充分调动教职工的积极性和创造性，实现民主决策、民主管理、民主监督；通过与麒麟中学负责人苏子涵部长、各处室主任、教师代表的座谈，我体会到学校的管理特点是“粗线条”、“人性化”。苏部长是一个管理经验丰富、工作能力强同时又富有个性魅力的领导。他善于听取下属及师生的意见，在群众中威信很高；每周的行政会议气氛活跃，总是在谈笑风生中完成各项工作的汇报与部署；每次的教研组长会议、班主任会议都成为各科组及各年级组的汇报课，领导只是给予适当的点评和指导；这些使我感觉到：学校的很多工作都是由下而上的，不是“要我做”，而是“我要做”，是全体教职工的自觉行为！

学校实现了教育管理的信息化：初步建成数字化办公管理系统、教学系统、通讯信息服务系统，使校园内部教学、科研、办公、管理实现了资源高度共享，最大限度地提高了管理效率；同时通过网络教育交流，解决教育教学疑难问题，形成了新型的师生关系。

三、校园文化创新是学校品牌可持续发展的动力

南山实验借鉴企业的CI设计，以学校的办学理念为依据设计各分部校区形象：包括校舍、教室、操场、体育馆、庭院环境布置、绿化，以及学校的校徽、信笺、校标、校服、校刊等，每个校区设施齐全、布局合理，使校园环境及空间氛围对师生身心健康起到了良好作用。教学楼、图书馆、操场、体育馆、科技园地……无处不体现着“博爱”的精神文化特色。

学校有计划地开展丰富多彩的校园文化活动，创设学生展示才华的舞台，营造浓郁的文化氛围。如各个传统节日、国庆节、教师节、校庆等庆祝活动，定期组织学生广播体操比赛、田径运动会、教职工排球赛，举办艺术节、科技周、读书月、安全教育月、禁毒宣传活动、教学开放日等，让每位师生甚至家长都有机会参加各种活动，并在活动中感悟提升。

四、几点思考

两个月的工作和生活实践，完全置身于先进教育文化的氛围当中，充分受到先进的教育理念、高超的教学水平和科学的教育手段的熏陶，我并没有忘乎所以，更不会妄自菲薄。我静下心来思考，结合自己学校的实际，反思过去的教育教学管理工作的不足，感觉受益匪浅，决心从以下几个方面进行努力：

第一，作为一校之长，应该把自己从烦琐的行政事务中解脱出来，潜心研究教育规律，学习最新的教育理论和教改信息，形成自己的办学理念，努力成为专家型的学校管理者。

第二，要打破人治管理方式，学校管理不光寄托在某个校长的个人品格和威望上，管理的连续性要依靠民主化的管理制度。通过制度的建设、形成、完善和实施，将硬性的制度融入学校的校园文化中，内化为师生的日常教育教学行为，成为学校教职员工和学生的共同价值观和行为规范，最大限度地发挥师生自我管理的作用，形成良好的校风。

第三，要着力建设一支敬业而又敢想敢闯的专职教师队伍。要致力于提高教师的思想境界，建立一支热爱教育事业，热爱学生，适应新课程发展的专业化教师队伍，使教师不仅具有现代化的教育思想，而且掌握现代化的教学技术。要把学校有限的经费用在刀刃上，坚持以校为本促进教师专业化成长，鼓励教师在职进修学习，同时积极创造条件让教师走出去、引进来，给干部、教师成名成家提供机会，使学校真正成为教师成长的沃土。

第四，要以博爱的精神平等对待每一个学生，不歧视任何一个学生，要相信只要教育得当，任何一个孩子都能成为社会的有用之才；要努力创造适合每一个孩子的教育，而不是选择适合教育的孩子，真正实现教育的公平性和均衡、可持续发展；特别要纠正学校很多领导、教师原来那种应试教育思维模式，改变以学习成绩作为对学生的唯一评价手段，同时切实减轻学生过重的课业负担，鼓励学生全面发展。

第五，要重视校园文化建设。要围绕学校的办学宗旨，充分利用校园的任何角落，以环境建设作为教育文化的载体，因地制宜、精心设计教育主题，定期开展形式多样的文化教育活动，促进师生的自主管理、和谐发展。

总结二：体验特区教育，提升生命质量

——深圳市育才中学挂职锻炼总结①

有幸到具有深厚文化底蕴的深圳市育才中学挂职学习，这短暂而充实的两个月，不仅让我全方位接触了深圳特区的现代化教育，深入学习育才中学的办学精髓，更让我在办学理念、教育教学管理、教学改革、教师队伍建设和学校文化建设等方面都加深了理解，增长了见识，增强了信心。

一、走近育才，体验育才文化

育才中学由蛇口工业区创建于 1983 年，与特区一起成长。学校实行小班制教学，是深圳最早的省一级学校，是国家和广东省课程改革实验样本学校。校园占地面积不大，但办学的空间很大，学校以国际化的视野，高起点办学，办学特色鲜明，教育成绩斐然，是深圳市的名校。

（一）科学先进的办学理念

育才人早在 20 世纪 80 年代办校之初，就确立“育人为本，素质第一”的办学理念，随着教学改革和探索的不断推进，把“和谐”作为教育追求的更高境界，形成了“构建和谐校园，促进和谐发展”的办学思路。以“不求人人成为精英，但求人人走向成功”为人才培养目标。对学生的评价，创造性地提出“新三好”的培养目标，即“我们培养的学生在学校是一名好学生，将来在工作岗位上是一名好员工，在社会上是一个好公民”。

① 陆丰市大安镇石寨学校黄裔定

（二）品位高雅的育才文化

育才独特的地理位置以及它与特区共同成长的历史，孕育了丰富和充满个性的学校文化，具有“自主、开放、多元、和谐”的特点，是学校弥足珍贵的精神财富。校园到处绿草成茵，花团锦簇，绿化覆盖率达100%；教室、走廊悬挂名人画像和语录、教育政策法规；教育家陶行知、科学家华罗庚、爱因斯坦的塑像点缀其间；体育运动雕塑墙、丰富多彩的宣传橱窗及教室内统一而又具个性化的文化布置等，这些都从不同的角度展现了学校的文化品位，为陶冶学生性情提供了良好的物质条件和精神环境。育才中学打造了几个全国著名的文化品牌：“花季雨季”和“春韵”；育才学子原创小说《花季雨季》，获得国家“五个一”工程奖，根据长篇小说改编的同名电影1997年在育才拍摄，获得国家华表奖和金鸡奖；“春韵文学社”以育才为基地，是广东省首届十佳文学社团，并为全国乃至全球中文学生服务；文学社多次在全国评比中夺冠，成为全国示范性文学社团，是中学文学社的领头旗舰；社刊《春韵》荣获“全国中学九十九佳文学社刊（报）”特别奖；“春韵”网站被评为全国首届优秀特色教育网站。

（三）特色鲜明的课程改革

育才中学在新一轮高中课改进程中，屹立潮头，领先垂范，被确定为国家级和省级课改实验样本学校，成为全国各校来广东考察课改的必经之地。素质教育与特长教育的有机结合，个性发展与整体提升的双向成功，是育才课改的基本经验。在课程规划上，他们提出学生“必修优先、基础均衡、富有个性、结构完整、量力而行”的选课原则，构建起基础性课程、拓展性课程和陶冶性课程相结合的具有育才特色的课程体系；通过挖掘校内外资源，已建成校本课程达140门之多，其中有青春读书课、心理修养、英语沙龙、时事论坛、插花艺术和中国武术等，形成“课程超市”；他们启动“双特”工程（学生有特长、学校有特色），建立“三师一体”育人新模式。在课堂教学上，自觉更新教育教学观念，提出了“备课向设计转变，上课向情境转变，作业向对话转变”的教学理念，注重质效，在“精细化”管理中出特色。

（四）学养深厚的教师队伍

育才中学有着一批来自全国各地的学识渊博、精通教学教研的专家级名师：肖一帆老师是首届“全国心理辅导之星”、“广东省心理健康教育优秀工作者”；严凌君老师编著的校本教材《青春读书课》，由商务印书馆出版发行，成为全国逾百所中学采用的语文辅助教材；陈晓华、夏献平等多位教师不但著书立说，还在教育论坛和江苏教育在线等网站上担任版主，互动交流，为学校赢得了良好的声望。“不做教书匠，要做教育家”是育才老师的共识和追求。可以用三句话概括育才中学老师的特点：学养深厚，著书立说；儒雅精致，风格独特；爱生如子，言传身教。

育才始终把教师的专业发展作为学校重点工作，提出“不做教书匠，要做教育家”、“教书育人，双向成才”，高度重视对青年教师、骨干教师的培养。实施“双促”工程（促进学校教育质量的提高，促进教师专业的发展）、名师工程。通过送出去进修和引进来传教等途径支持教师的创造活力，如经常聘请省内外著名专家学者来校开展学术讲座，传授新课程改革最新理念；每学年有计划选派学科教师到北京、上海、广州、长沙等地著名师范大学和优质高中考察学习，安排骨干教师参加境内外高层次学术会议等；举办各种形式的优质课比赛，选派多名教师开设区级、市级公开课，鼓励教师脱颖而出；在岗位津贴发放等激励环节上向优秀教师倾斜；鼓励教师在国家级和省级刊物上发表论文，在知名出版社出版著作，在学术上不断攀登高峰；鼓励教师外出游学讲课，与兄弟学校交流课改经验。

育才中学还建立了教师专业成长的发展性评价体系，以“学生成长和教师特色作为评价的基准”，推动教师“立足校本、立足自身特长”、“在学校中优化、在教学中发展”。

（五）民主自觉的学生管理

人的发展是育才人价值追求和办学的总方向，育才中学的一切工作都秉承“以学生发展为本”。学校构建学生自主管理体系，成立学生自主管理委员会，指导和监督班级自主管理的效果；建立学校管理的学生助理制度，协调校方、老师和学生的关系；推行班级值日班长制度，负责班级一日常规的管理；建立《学生成长手册》，作为学生学校生活的成长指引和发展实录；改革课堂教学模式，建立新型自主学习方式，帮助学生成为学习的主人。

二、积极主动，感受挂职乐趣

（一）一查，即查找资料，制订计划

在挂职之前，我就先着手通过网络查找挂职学校的资料。到基地学校后，查看学校的各项规章制度、学校档案等资料，掌握学校的基本情况，制订好跟岗学习的计划。

（二）二看，即全面观察，阅读资料

一看，一方面，我积极参与学校的各项活动，如军训活动、体育节、文化艺术节、校园教学开放周等活动，从旁观者的角度了解育才学校的校园文化；参加他们的各项会议，如行政会议、部门会议、“三长”汇报会等，了解他们的行政操作流程；另一方面是积极走出去，到周边的学校去参观学习；如我还到育才三中、育才二中、学府中学等去参观学习，大大丰富了我的学习内容，全方位扩展自己的办学视野。

二看，是利用这段时间多阅读教育论著，提升自己的教育理论水平。我先后阅读了曹衍清校长的《一个教育行者的想象》，刘根平校

长的《质量与效能》，陈晓华老师的《怀揣着希望上路》，管建刚的《不做教书匠》、《学校管理创新》，魏书生的《班主任工作漫谈》、《班主任工作艺术》和《教学工作漫谈》，李镇西的《民主与教育》、《爱心与教育》、《做最好的老师》等十多本教育著作。

（三）三听，即深入课堂，感受课改

积极深入课堂听课，近距离接触课堂教学，学习他们优秀的课堂教学经验。我先后到过四所学校，听了十多节优质课，收获很大，印象很深。其间，我还参加了南山区学府中学三地（上海、大连、深圳）“一课多教”教学实践与研讨交流会，聆听了来自上海、大连、深圳的教学精英的课，品尝了一道营养丰富的教学大餐。

（四）四问，即虚心求教，互相交流

有意识、有目的地向育才的领导、老师请教，和他们交流思想。如我向刘根平校长请教“如何创建和谐校园”，向叶延武副校长请教“如何开展课程改革”，向育才的名师陈晓华老师请教“班级自主管理”，向育才二中的于建民校长请教“民主治教”等，这些教育教学专家的渊博学识、宝贵经验让我深受启发，受益匪浅。

（五）五想，即对比反思，提高认识

在这两个月里，我将在育才的所见、所闻、所感，与我们农村的教育实际进行认真对比，积极反思，对我们的办学有了新的认识；平时，还和我的同伴——来自东莞大朗一中的黄锦华校长互相探讨、交流、分析，分享各自的感受，增进了对教育的理解。

（六）六写，即勤于记录，认真总结

在育才的日子，是快乐而又充实的，我很珍惜这次难得的机会，用心感受学习过程，对于每一次的感受、体会，我都及时记录下来，写成心得体会。

三、反思提升，收获丰厚成果

（一）加强自身建设，增强责任意识

有什么样的校长，就会带出什么样的学校。作为一名年轻校长，我深感责任重大；育才之行，和众多育才的名校长、名师的交流更让我看到自身的差距；在这段时间，我大量阅读了魏书生、李镇西、朱永新等教育名家的教育著作，与专家的对话，使我推开了另一扇心灵之窗，看到了外面更广阔的天地。我将继续加强自身的理论修养及文化底蕴的再学习，不断吸收各地先进的办学理念，提高自己的教育理论和学校管理水平。

（二）端正办学理念，倡导育人意识

基础教育的基础性决定了我们的育人目标，是为培养全面发展的人才起奠基作用。我校地处农村，家长素质普遍较低，对教育的认识片面，农村的办学水平低下，能升上重点高中的学生人数有限，能进入重点大学就读的更是少之又少，绝大部分的学生初中毕业就走向社会。因而，我们的办学理念应该努力摒弃“应试教育”，纠正“精英教育”，应借鉴育才中学的“不求人人成为精英，但求人人走向成功”的人才培养目标，以及“新三好”的评价标准，努力转变观念，树立正确的育人观念和育人模式，全面实施素质教育，面向全体学生，提高学生的全面素质，使绝大多数的学生以轻松愉快的心态走向社会。

（三）促进开放交流，提高教师素质

学校是培养人的地方，教师作为教育教学活动的实施者，其师德表现、教学水平对学生的成长成才有着深远的影响。在农村学校，教师队伍存在着工资待遇低、工作环境差、队伍不稳定、教育教学水平不高等现象，严重制约着农村教育的发展。我们要结合学校实际，努力创设和谐的工作环境，在生活上、工作上多方关心教师群体，引进激励机制，

给教师提供发展的平台；积极开发校本教研，开展校本培训；采取引进来、走出去的方式，促进教学交流，不断提高教师队伍的素质。

两个月挂职育才的日子是平静的、快乐的、充实的，感受非常深刻。感谢上级给我们提供这次非常难得的学习锻炼机会，使我们能享有这一段学习与反思、体验与提升的时光，让我们充分领略深圳特区的现代化教育。回去之后，我要结合农村教育的实际，勤于实践、勇于动脑、努力探索、大胆创新，不断推动农村教育事业的发展。

总结三：挂职学习是我人生中一次宝贵的经历①

我本次被安排到广州五中（下文简称五中）挂职校长，参加锻炼学习。本次锻炼学习活动，省教育厅高度重视，专门为我们这些农村校长们举行挂职前的培训，并请2007年参加过这类培训的校长代表为我们讲挂职锻炼的心得、经验，让我们少走弯路，以便于取得更好的锻炼学习效果。

本次到五中挂职校长，我锻炼学习的主要方法和途经可用中国传统中医“望、闻、问、切”四法来概括。望，是指留心察看五中的校容校貌等软、硬环境，查看一些文本资料、电子资料等；闻，是指多听听五中学校领导的介绍、讲解，以及老师、学生的谈话等；问，是指多向五中学校领导、老师、学生咨询、请教，对各方各面多加了解；切，是指凭借挂职校长之便，全面参与五中的各类会议、行政管理、教育教学教研以及其他的各类活动等，内容涉及校长领导艺术、学校行政管理、教学教研管理、教师管理、学生管理、校纪校风建设、班级管理、德育、教学、后勤管理等，切身体会五中的学校管理。

在此，我想谈谈自己的见闻与心得。

① 普宁市第一中学韦顺城

一、领导班子团结高效

校长开明，书记清醒，主席能干。这是我对五中几位主要领导的直接感觉。五中现任领导班子成员重视加强自身建设，具有较高的道德修养、具有创新意识和服务意识，务实进取、廉洁自律、作风民主、有责任心和上进心，有较高的理论水平、教学业务水平和管理能力。教师爱岗敬业、团结协作，学校蒸蒸日上。

骆校长关心教师和学生，始终把教师的利益和学生的成长放在第一位。有一次，因学校老师忙于工作，他带着老师的孩子亲自送往幼儿园，他还经常为老师小孩的入托、入学，家属的看病、住院等事奔走，以消除老师的后顾之忧。他经常到学校各个办公室、科级室巡视，当看到老师们忙于工作时，亲自为他们端茶递水。

他信任下属，大胆地把学校的管理分解到教务、政教、总务等部门去管理，分线条管理，权职明确，责任落实，管理井然有序。我经常听到他对下属说："这件事你去办就妥啦，认真去办，我相信你能行的！"

他知人善任，大胆用人，不拘一格。他注重青年教师的成长，坚持"大胆使用，让青年教师在实践中锻炼成长；精心培养，使青年教师在指导下健康成长"的原则，在充分信任和关心爱护的前提下给他们压重担，让他们挑大梁，促成岗位成才。正因如此，五中冒出了两位奇才。一位是奇趣科技园的负责人梁立仕。这位老师原是物理老师，但他更喜欢去搞科技研究、实验、创新。于是骆校长就大胆起用，让梁老师做专职的科技老师；在梁老师的带领下，五中的科技事业打出了一片新天地，各类学生科技奖、发明奖硕果累累，闻名全省乃至全国，大大提高了五中的声誉；另一位是美术教师邵俊杰。他喜欢蜡染、根雕、篆刻、绘画等，骆校长又为他提供一个辅导学生、创作的平台，最终也搞出了名堂；还有一位足球教练邓炳祥，从不参加会议和政治学习，但他酷爱足球，擅长足球训练；骆校长用其所长，同意其两周参加一次会议，享受特殊待遇；结果，五中的足球成为了广州中学生足球的标志。

心得：作为校长，应该加强自身修养，塑造个人人格魅力，平易近人，信任下属，知人善任。大胆用人，善于发现教师的特长，做到人尽其才，为教师的发展提供平台。

二、浓厚的校园文化氛围，五中的校园文化有四大特色

（一）陶冶情操的楼道文化

在学校的整体布局上，学校设计和建设了以展现五中“以人为本，和谐发展”办学理念的楼道文化，使楼道具有了潜在的教育功能，做到“层层有主题、楼楼有特色”。教学楼以“读书、治学”、“理想、志向”、“磨练、拼搏”等为主题，再现五中发展的辉煌历史；科技楼以“科技创新成果”为主题，将学生的获奖证书和获奖作品展现出来，让学生尽情享受创新的乐趣。

（二）导向鲜明的教室文化

在教室建设方面，五中十分注重教室这个重要的阵地，每个教室前面的黑板上方都张贴了催人奋进的“班训”或名言警句，后墙的黑板报则根据高中学生的特点设置了“学习标兵”、“创作园地”等栏目，两边墙壁悬挂名人画像。这种具有鲜明导向的教室文化，让学生学有目标、赶有榜样、严于自律、刻苦学习。在教室文化建设中，鼓励各班根据学生的性格特点，营造适合学生优良品德和文明行为习惯养成的和谐氛围，使其在快乐和幸福中受到潜移默化的教育和影响。

（三）展现师生风采的长廊文化

为了全面展示丰富多彩的校园生活，五中设立了两座文化长廊。一座长廊分为学校简介、荣誉集锦、重大教育教学活动图片展等板块，另一座长廊为黑板报、手抄报，以班级为单位，由学生主办，不

定期更换。这两座渗透着全校师生智慧和心血的文化长廊，是学生放飞理想、书写青春的舞台，是教师展示风采，凝聚力量的阵地，也是学校显现办学特色的一道靓丽风景线。

（四）足球运动长盛不衰是学校的一大亮点

五中积极开展文体活动，丰富校园生活。足球是品牌，影响力大，科技创新，美术突出，形成“全面发展，培育特长”的办学特色。2005 年学校代表广东省参加全国中学生运动会荣获冠军。学校足球队参加全国、省、市各级比赛并屡获大奖，为社会各界瞩目，被誉为广州市“足球人才的摇篮”。

心得：一个学校，要加强环境建设，营造浓厚文化氛围，促进学生和谐发展。在校园建设上，要力求坚持教育性、知识性、艺术性、时代性的和谐统一，创设富有艺术性的文化环境，让校园散发出优秀文化的气息，让环境感染人、激励人、塑造人。师生在优秀文化的熏陶下，在潜移默化中会产生一股蓬勃向上的力量。

三、教学教研有奇招

（一）易地教学、交流，一课多讲

如由不同学校的同一科目的两位老师，在同一班中分别用一节课的时间上同一课的内容，以便比较切磋，扬长避短。这有利于教研风气的形成，也有利于教师的专业成长。

（二）教师公开课，备有“两案”

五中的教师上公开课时，都备有教师上课用的“教案”和发给学生用的“学案”，并要求教师平时备课时也要这样做。这对学生学法指导很有帮助，同时也提高了学生的探究能力以及巩固知识、应用知识的能力。

（三）每门学科每周一次集体备课，狠抓落实

五中在安排备课时，特别规定每一周中，每个科组都有连堂的两节课，所有同科组的老师都没课的，这两节课就是作为该科组老师进行集体备课活动的时间。这种集体备课非常务实，也确保同科组的老师能定时进行教学探讨交流，开展教学研究，互相促进，取长补短。

五中每周一次的备课组研讨、每周一次的科组研讨、每年一次的全校研讨都在探究问题的解决办法，分享成功做法，树立学习榜样，寻找有效策略，专家指引方向。由于五中的教学严谨，教研氛围浓，教学质量得到稳定发展，近年来高考屡创佳绩，连续19年获得广州市普通高中毕业班工作一等奖。

心得：一个学校的教学质量，主要取决于该学校的教学管理和教研情况。高考是一所高级中学的生命线，必须严格要求教师的备课和上课，加强教学研究探讨，提高教师上课的效果。

四、与学生家长、校友的交流与沟通密切

五中尊重学生家长，理解家长，调动家长的教育积极性，注重同家长的沟通、互动，把学校教育和家庭、社会有机联系起来，营造良好的教育环境。如本学期9－12月三个月来，五中就已举行了三次家长会。开家长会时，家长与班主任作具体的交流，了解学校及学生的最新情况及孩子在校的表现，以便家长与学校形成教育合力。五中把每年十一月的最后一个星期日定为校友日开展校庆活动，而今年10月29日，五中为省中学生运动会足球赛冠军举行庆功会也邀请了部分校友参加。学校通过邀请各方校友回校观光，共商校事，联络了情谊。校友成功的事例会对学生产生激励作用，校友的到来也无形中扩大了五中的宣传效应，有利于扩大影响，一举多得。

心得：德育是“全员德育”的工作，德育的最大资源来自社会，学校要确立与社会相结合的德育方向。要积极处理好几个关系：家长

关系，校友关系，社区关系（远亲不如近邻），媒体关系（好事要出门，美誉传千里），邻校关系等。这将有利于学校的更好发展。

我本次到五中，有三大收获：一是亲自体验校长的领导艺术、成功管理经验，感受先进的办学理念，有利于提高自己领导和管理学校的能力，拓宽自己的办学思路，拓展视野。二是学会适应环境，入乡随俗，体验广州名校的校园生活，感受广州名校的文化氛围。三是结下友谊，为今后交流提供一个新平台，带着丰硕成果回去，挂职有期，友谊永恒。11 月 14 日，我校普宁一中组织学校部分行政班子及教研组长、年级级长、备课组长等教师骨干一行共 49 人到五中学校参观、学习，进行听课、交流、观摩等活动。我们也真诚邀请五中领导、老师到普宁一中考察指导。

我这次来挂职锻炼，是带着问题而来：学校发展如何上水平、上档次；学校如何克服“瓶颈”，实现突破发展。五中的挂职锻炼给了我很多的启发。我初步打算，2009 年，我校要克服困难积极进取，创造条件申报评估省一级学校；2010 年，我校恰好建校 90 周年，我们要借此机会，成功举行隆重、有意义的校庆活动。为此，我准备抓好下面几方面的工作：

（1）进一步树立科学的教育教学管理理念，建立、健全科学管理制度，提高教育教学质量和管理的效率。办学理念是学校办学的理性思考，是学校的精神和价值追求，是学校发展的灵魂。确立办学理念，明确办学思路，树立名校品牌意识，名校是形象，品牌是效应。2009 年申报评估省一级学校就是我校目前的首要任务，也是我校近期的奋斗目标。

（2）切实实施教育教学多元化、多层化，学生分层辅导，建立完整的“学校——家庭——社会”三位一体的德育网络，畅通学校与家庭有效的沟通渠道，充分地整合有效的社会资源，开展文明共建活动。在新一轮课程改革中，学校将以实施新课改为动力，以课堂教学为主战场，确立“自主、互动、多元、生成、创新”的教学理念，按照“自主性、激励性、互动性、民主性、差异性”的原则，构建结构科学、功能优化的教学系统和课堂教学评价体系。

（3）重视环境的育人功能，加强校园文化建设。环境是一种无形的育人要素，良好的校园环境可以起到潜移默化、陶冶情操的作用，是办好学校的重要条件之一。做到雕塑、曲径、草地错落有致，墙报、宣传画、警句格言鲜明醒目，绿树成荫，鸟语花香，窗明几净，文艺体育等各类有益的学生活动丰富多彩。营造这种美丽优雅、文明奋发、生动活泼的校园环境，无论从对内育人还是对外宣传的角度，都是很好的。

（4）搭建教师成长平台，促进教学专业化发展，提高教师队伍建设。坚持不懈地抓师德教育，努力塑造教师爱岗敬业、依法执教的高尚师德规范。创造条件，提供机会，鼓励和支持教师参加各种继续教育和业务进修，提高业务素质和教学技能。加快青年教师成长，重培养，大胆使用，让青年教师在实践中锻炼成长，着力打造青年教师的品牌。在充分信任和关心爱护的前提下给他们压重担，让他们挑大梁，促成岗位成才。启动“名师工程”，造就品牌教师。“名校”需要“名师”支撑。实施涵盖师德建设、专业发展、形象宣传等方面的“名师”工程，使骨干教师、学科带头人的队伍日益壮大。

第八章

广东省中英合作培训校长跟岗学习总结（精选）

总结一：从英国教育看我国传统教育观念落后的影响[①]

一、“劳心”教育与“劳力”教育

（一）对比镜头

1. 英国教育观察

英国中学生上课老师讲得少，学生动手多；中学阶段都开设职业技术课程，学校的生活教育、生产教育和技能培养面面俱到；优秀初高中毕业生也乐于选择职业院校深造。

2. 中国教育观察

我国中学生上课老师讲得多，课本教参多，记忆背诵多；高考中考

① 广东省肇庆中学彭银祥

不考试的课程不学，物理、化学、生物实验也是纸上谈兵，学校少有厨艺、裁剪、木工等课程或实验室；优秀学生不愿意选择职业技术院校。

（二）相关观念

“劳心者治人，劳力者治于人。”“万般皆下品，唯有读书高。”

（三）相关影响

受历史和文化的长期影响，我国习惯于搞劳心竞争。劳心水平高，前途无量，做人上人；劳心水平低，沦为劳力者，就会变成二等公民。

学生之苦，苦的根源就是太劳心。教育上的劳力是令人愉快的，就是动手和实践。中国学生的劳力太少，劳心太多。整天记忆和背诵，不是理论就是思考。中国教育擅长培养记忆和思辨型人才。记那些只有考试才见得到和用得着的东西，思考那些复杂的逻辑和因果关系，纸上谈兵绝对是一流的。在学习上，劳力是输出，劳心是输入，输出输入不平衡。学习就是用脑瓜子干苦力，并且是干简单重复的苦力。中小学生的学习负担，绝大部分来自精神苦力，不好玩，比干力气活还苦。

西方教育劳心劳力比较平衡，符合人和自然的天性。动静结合，一张一弛，重在过程，发展能力。读大学分流合理，按自已的兴趣选择。劳力报酬高，社会分工按市场来调节。大家喜欢做的，就降价，不愿意干的，就升值。白领社会价值高，蓝领实际收入好，各得其所。三百六十行乡下农村发达落后，基本不影响职业收入，各有所爱，各取所需。

（四）发展方向

人才市场上技术工难求，大学生成堆。高级技术工人的工资比博士生的待遇高。不少大学生、研究生到技术学校回炉。越来越多的学生和家长选择职业技术教育。这些都是好消息，并且是不可逆转的趋势。如果在制度上再引导，对普通劳动者进行有效的技术培训，大幅提高他们的待遇，“劳力”者的形象就不一样了。而“劳心”者一多，技术方面又有欠缺，日子就不好过了。现在有技术的人开始吃香，不一定人人读大学，对教育发展而言，也是好现象。

二、“取长补短”与“特长发展”

（一）对比镜头

1. 英国教育观察

讲到自己的爱好特长，英国学生一串一串的，讲起来很带劲。学校家庭善于发现、乐于培养学生的兴趣特长，与学习考试无关的“偏门”、“杂技”也大行其道。许多人大学、研究生所选的学科专业，是中小学以来一直喜欢或擅长的，十几年、几十年磨一剑，高精尖的技术和人才就多了。

2. 中国教育观察

我国学生不见得怎么喜欢读书，但读书又是我国学生共同的特长！除了会读书，其他特长不好说。本来从小也有自己的兴趣所在，因为与学习考试无关，都逐渐被荒废或消灭了。即使是学科上的特别爱好，成为“跛脚”后，也走不远了。

（二）相关观念

“三好学生”、“五好学生”、“全面发展”等标准深入人心。英国评学生，看你哪样好，喜欢算小账。我们评学生，总是盯着哪样不好，喜欢算总账。如果学习成绩不好，甚至哪一科不好，其他再好也会得到否定性评价。

（三）相关影响

人是特长发展的，但中国教育强调平衡发展，甚至取长补短。有些短，短了很多年，是补不过来的，为什么要补？高考中考的时候，有短腿是很致命的。考试个人算总分，集体算平均分，差之毫厘，失之千里。

没有特长和爱好的人，工作水平和生活质量就会成问题。个人没有特长，社会的特长哪里来？我国科技和管理“高精尖”的人才少，就是特长群体太小，在各个方面都有大的特长群体，一个比一个特，一个比一个长，“高精尖”人才就多了。

中国人不是没有特长细胞，主要是被传统考试理论抹掉了，五千年传统文化和中庸思想，都不利于浸泡特长。学生成绩好，这样还要听话，这样老师才喜欢。在现有的考试制度下，老师一喜欢，什么特长也难发展了。

（四）发展方向

在现有的各项学校评价中，越来越注重学校特色建设。学校特色是学生特长发展的温床，学校某方面的特长人才多，特色就自然形成了。但现有的学校特色和素质教育一样不着边际，虚空的东西多。学生的特长也是拿来说说，如果和升学考试相关不大，学校家庭都不会全力去做，学生也难以找到感觉，特长活动只起些点缀作用罢了，一切为考试学习服务。

大学招生和社会招聘是关键的发展指引，如果可以凭特长升学，凭特长进入主渠道就业，学生的特长就会像雨后春笋般生长。除奥林匹克几个学科外，文学、艺术、体育等特长生越来越得到高校青睐，但门坎很高。政府招聘以本科学历为起点，要特长生，也是全面发展基础上的特长。

对“跛脚”的特长生来说，人生之路总是要艰苦许多。但总体来讲，教育越来越认可特长生，社会越来越需要特长人才。

三、“师道尊严”与“闻道在先”

（一）对比镜头

1. 英国教育观察

学生可以直接叫老师的名字。上课怎么舒服就怎么坐。老师经常鼓励学生挑战自己。学生最喜欢去的地方之一是学校。

2. 中国教育观察

上课时教室非常安静，小学生背着手正襟危坐，中学生也坐得规规矩矩。老师坐在凳子上板着脸孔训话，学生站着低头认错。放假是令学生最愉快的事情之一。

（二）相关观念

老师有一桶水、长流水，学生只有一滴水。在学习上，老师的知识和领导的权力一样，学生是不敢挑战老师的。在管理上，严师出高徒，没有规矩不成方圆，学生怕老师是老师有威信的表现。

（三）相关影响

我国学生女性化现象严重，女性读书越来越厉害，因为只有像女性这样，才有利于得到考试的认可和老师的好评。

虽然独生子女普遍有自大心理，但在关键时候内在却表现不自信。一见困难就喊妈，一有钱就乱花，一有机会就傻玩，一遇压力就出现心理障碍，害怕权威和挑战。

（四）发展方向

现实中全能型教师、圣人教师还很多，但他们都过时了，都在或多或少阻碍学生发展；过去只读教科书，教师肯定闻道在先。现在世界不同了，信息满天飞；学生对现代的东西更敏感，学习新知识的能力更强，许多教师还抱着“闻道在先”的威严，只能吓唬自己了。

向学生学习，是现代教师的必修课。学生对老师的尊重，不一定来自教师身份，不一定来自老师的知识，更多来自于师生之间的关系。要学生尊重你，首先必须让学生喜欢你。要学生喜欢你，就要敢于承认自己的不足，要善于向学生学习。

四、“十年寒窗”之后

（一）对比镜头

1. 英国教育观察

中小学生没有补课之苦，没有择校之忧，书包里有很多好玩的东西，下午三四点就回家。第六学级开始负担较重，大学阶段压力增大，研究生教育水平很高。

2. 中国教育观察

起得最早的是我（中小学生），睡得最晚的是我，假期最少的是我，背包最重的是我，考试最多的是我……考上大学后，一切都解放了。读了研究生，就彻底自由了。

（二）相关观念

不吃苦中苦，难为人上人（中小学先苦，大学后甜）。“书中自有黄金屋，书中自有颜如玉（为了考大学，再苦也值得）。”

（三）相关影响

“十年寒窗”有两个问题：一是太寒了，不仅体寒，而且心寒！一是寒得太早了，小学一年级就开始“寒窗”。要改成二十年寒窗才行。因为只讲十年，只“寒”中小学就够了，所以中小学最苦。社会上普遍认为大学不苦，带来很多后遗症。在中学阶段，家长老师经常会说，想睡懒觉、想看小说、想谈恋爱、想整天上网，考上大学再说。为什么我国大学教育水平不高，大学生不太用功，原来在读大学前已经全体中毒了。

英国中小学是散步竞争，我国中小学是跑步竞争。哪怕跑在最后，也是要命的。每个阶段都要出成绩，许多老师和家长都想赢。一开始就拼命跑，到后面，已经无力冲刺了。中学几年读下来，读到山穷水尽。到读大学的时候，即使有能力，也没有冲刺的兴趣了！

（四）发展方向

十年寒窗，应该从大学做起。小学要开春窗，中学再开夏窗，大学开始十年寒窗。中小学生的兴趣不要扭曲，中小学生的身体不能压弯，自然生长到大学阶段，已有一定的能力和基础，这时高温高压催化剂，寒一点苦一点，都可以承受。这样办教育，才符合人发展的天性，符合教育自身的规律，才有利于人才的培养，有利于教育和科学的整体、长远发展。

五、“金榜题名”面面观

（一）对比镜头

1. 英国教育观察

在英国中小学，各处走廊墙壁上贴满了学生的作品，五花八门什么都有，但看不到名次表、分数表或获奖喜讯。实验室、活动室里则陈列着许多不便挂在墙上的作品或产品，有时看起来不太整齐，甚至有点乱，但师生们都很得意自己的杰作。

还有“大拇指题名”。老师经常对学生竖起大拇指，你行，你真行！你棒，很好，非常好！发现学生有一天表现好，有一次学得好，有某方面的雕虫小技，老师都会显出惊喜，千方百计让学生“题名”。

2. 中国教育观察

过去是皇帝出榜，没有上榜是正常的。现在是学校出榜，老师出榜，天天出榜，班班有榜，科科有榜，花样百出。

有红榜，还有黑榜。

中考高考成绩出来，各种媒体纷纷上榜，状元信息满天飞，统计数据到处有，三六九等，一目了然。

（二）相关观念

十年寒窗无人问，一举成名天下知。一考定终身。“望子成龙，望女成凤。”不是成功，就是失败。

（三）相关影响

以分数论英雄，差零点几分就可能是命运的分水岭。考试分数高就是成功，赢者通吃。重结果，不看过程，落榜的人满盘皆输。千千万万中小学生，被贴上了失败的标签，有些人一辈子抬不起头来。

从金榜题名到追求状元，越来越简单化和符号化。获得了状元就是成功，不但学生被追捧，学校和老师也无限风光。考试行你就行，不行也行；考试不行，你就不行，行也不行。从考试大国到考试人生，一张试卷锁定终身。学生在虚幻世界中苦度美妙年华，教育变成了又细又长的通天阶梯。

（四）发展方向

最佩服那些天天受打击又天天坚持上学的学生，是他们让我们看到了中华民族坚强的教育意志。在传统教育方式下，经受磨砺和挫折较多而又自强不息的人，往往成为社会较有作为的人。

有金榜还要有银榜。

有考试金榜还要有活动、能力和素质金榜。

有结果榜，还要有过程榜。

总结二：英国中小学校长“精致管理”探析[①]

2008 年 9 月，本人有幸在英国剑桥参加了为期 22 天的中英学校领导艺术培训，通过听专家讲学、讨论、交流、参观、挂职等形式，较全面地了解和体验了英国教育。通过培训学习，提升了理论，开阔了视野，增长了见识，启迪了思维，引发了诸多思考，受到了很大启

① 东莞市企石中学校长刘求添

发。在教学管理和评估方面，在德育内容和途径方面，在学校文化建设方面，在建立团队意识方面，在完善领导风格方面……本人收获颇丰。但带给本人最大震撼的是英国学校的“精致管理”，我深深感受到，在英国学校，精致无时不在、精致无处不在。

在英国期间，我参观考察（包括挂职）了6所学校。从小学到高中，从普通教育到特殊教育，甚至高等教育，精妙绝伦的管理细节，精耕细作的管理过程，精益求精的关键节点，无不吸引人的眼球。“精致管理”折射出管理的智慧，散发出诱人的魅力。

一、精致出精品

小规模、小班化、小组学习是英国中小学教育的一大特点。英国的学校规模都较小，大的五六百人，小的一百多人。班级人数不超过30人，超过就算违法。我们参观的菲尔默（Felmore）小学450人，19个班，平均每班20多人。我们参观的伏尔伯特·伯纳德（Fawbert and Barnard）初级学校200名学生，9个班，平均每班也是20多人。我们挂职的帕克塞德（Parkside）中学600人，科尔里吉（Coleridge）中学500人，里吉菲尔德（Ridgefeild）小学200多人，每班都是20人左右。

小规模、小班化、小组学习其实就是一种精致。规模小，管理会更到位；班级小，每一个学生都会受到重视。学校规模小，学校数量必然多，有利于学生就近入学，便于家长接送，也有利于学校之间的竞争，促进学校管理上水平、创特色。班级人数少，有利于提高课堂教学效率，有利于师生互动，有利于教师关注每一个学生，有利于因材施教，培养学生特长，有利于学生个性的充分发展。小组学习便于团队合作、相互帮助、取长补短、激发兴趣、共享智慧。

在英国，学校的教育功能发挥到极致，尊重人、教育人、发展人。学校是真正的学生快乐学习、开心活动、愉快求知、幸福成长的学园、乐园、家园。我们挂职的三所学校的学生在学校无不快乐幸福。

英国中小学都有自然生态的校园环境。外墙天然，不贴瓷砖，藤蔓植物爬满墙壁，绿油油的青草格外吸引人的眼球，漫步其中，仿佛置身于大自然。参观学校就是在品鉴历史、欣赏自然、体味精致。

英国中小学能够把钱用在“教育功能”上。学校功能室不多，但综合利用、使用率高、很少空置、少而精、不浪费。英国中小学不张扬，不搞形式主义，不做表面文章，不刻意准备，把最真实的一面展示出来。每一处物品的摆设，每一个活动的安排，都是恰到好处的，都是“教育”的需要。

我们参观、挂职的每一所学校，不论是从表面上看到的校舍、教师、学生，还是从校长介绍的办学理念、办学目标、管理架构、课程设置、评价激励、示范作用等；不论是巡视校园，还是深入课堂；不论是专访学生，还是与教师聊天，无不感受到每一所学校都是管理目标精准、管理过程精细、管理方法精当、管理效益精良。

每一所学校都是精品学校。

二、精致显关爱

在英国学习期间，我们住在剑桥的圣·凯瑟琳学院。课余饭后，我们漫步在剑桥的街道，标志牌、提示牌到处都是，为我们出行提供了很大的方便。人行横道绿灯按钮、灯柱上的鲜花、垃圾桶与烟灰桶的分设、林荫小道边随处可见的休憩椅、汽车上的插座……让我们无不惊叹：想得真周到。

英国的每一所学校都有一个供教师休憩的茶歇处，教师上完课可以到这里喝茶、喝咖啡。我们在圣·凯瑟琳学院上课期间，每天的上午、下午都有茶歇时间，喝茶、喝咖啡、吃饼干，根据爱好自便。在参观学校时，我们发现教师办公室摆放着苹果、奇异果等水果，供教师享用。在我们挂职的帕克塞德学校，校长亲自为生病的老师代课；学校的高层领导每天用一小时与老师沟通；在培训老师时，专门开设了“老师怎样保护喉咙”的课程。这些精致的细节体现了学校领导对老师的人文关怀。

英国的小学，教室是学生学习、生活、娱乐的地方，因此教室后面有厨房、卫生间、挂衣间，给学生提供了方便。格兰特（Granta）特殊学校开门锁的装置、恒温浴池播放轻音乐，菲尔默小学绘画课播放音乐，帕克塞德学校校内有棱角的地方如墙角、花池等都磨圆……充分体现了学校对学生的关爱。

我们在格兰特（Granta）特殊学校参观，校长在为我们介绍学校情况时，突然一学生闯进来疯狂地敲击播放宣传片的屏幕，造成介绍中断。校长及老师和蔼而极富耐心地抚慰他，他渐渐安静下来，校长继续介绍，两个老师陪他坐下来，而没有让他离开。原来这个学生是一个自闭症患者，校长、教师对学生的关爱可见一斑。这一插曲打动了在场的每一个人，学员们当时静得出奇，目光全部集中在那个学生身上，在经受一次心灵的洗礼，在欣赏一次播撒爱心的经典示范。在格兰特特殊学校，教师对学生母亲般关爱的场景随处可见。我们慨叹：在英国，残疾儿童真幸福。

我们在格兰特特殊学校参观，吃完午饭休息时，几个抽烟的学员走出校门去抽烟，一辆车在我们面前停下，车上的人叫我们到远一点的地方去抽烟，不要给学生看见。格兰特特殊学校的对面是一所中学，有几个学员拍照拍到学生，老师过来制止并查看相机，因为照相要经学生或家长同意才行，否则就是侵权。我们参观和挂职时提出照相要求，老师会征求学生意见，不同意照相的会举手。教师对学生的保护与关爱无时无处不在。

帕克塞德中学和科尔里吉中学是我们第二小组挂职的学校，两所学校校舍全是平房，一栋与另一栋之间、教室与功能室之间都有挡雨的连接通道，让师生免除雨淋之苦。由于学生走班上课，没有固定的教室，学生一天之内要转换很多教室，学校从学生的角度考虑，在走廊上放置许多储物柜，供学生存放书包、衣服等物品。

我们在帕克塞德中学听课，几次遇到学生迟到，老师并不批评，而是微笑着迎其进来。挂职的第一天，我听一节语言课，一个学生上课时打哈欠，老师开心地模仿了一次，全班大笑。没有批评，没有责怪，问题在友好的气氛中解决了。难怪学生说很喜欢老师、很喜欢上课、很喜欢学校。

在英国学校，经常会发现两三个老师共同上一节课，实际上上课的老师只有一个，另外一个或两个是助教。助教帮助听不懂或语言有障碍的学生学习，指导、启发、点拨，甚至帮其做笔记，真正体现了关爱每一个学生、“每一个孩子都重要”的理念。

在里吉菲尔德小学挂职，有一个教室三个老师在给七个学生上课，经了解才知道，原来这七个学生讲话有问题，老师在对他们进行语言训练。关爱学生不惜成本。

挂职的第五天，我们在一位校长助理的带领下，深入地了解帕克塞德学校的全纳教育情况。在该校学习中心，我们发现有两个老师在给四个学生上课，这四个学生是十一年级的学生，老师为他们量身打造就业前的课程。一个星期一天在本校学习，两天到职校学习，两天到公司做工。虽然这四个学生是问题学生，成绩很差，但老师们不放弃，想方设法为学生着想，让学生多掌握一些就业本领。我们从教师的言谈举止中发现他们很乐意做这个工作，很开心、很快乐。

在另外一个教室，我们发现只有一个学生在学习，旁边坐着一个老师，原来这个学生在进行“个性化学习”。该学生在家长的同意下向学校申请网络学习，在网上听课，旁边的老师是在辅导学生学习。上科学课时，由科学老师辅导，上数学课时由数学老师辅导，上语言课时由语言老师辅导。

在英国中小学，关爱无时不在、无处不在。

在培训时，我们学习了“三文治模式”、双赢思维，连在批评别人、作出决策时都不忘关爱。我们做校长的从中悟出了什么呢？

三、精致见规则

在剑桥，商店下午五点半关门，餐厅、酒家下午五点半开门，这是规则。我们羡慕英国人会生活、会享受。

我们在圣·凯瑟琳学院上课，有严格的必须遵守的课堂规则：准时、积极发言、用心倾听、关闭手机等。

整个培训过程严谨周密……

有一次，我们吃过早餐在等候上课，一名工人在我们站立处一丝不苟地跪在地上挖石缝中的泥沙，心无旁骛，任凭我们议论。我们一位学员问他可否照相，他说可以，没有一点不好意思。在他看来，这个时间在这个地方做他该做的事，这是规则。

在圣·凯瑟琳学院食堂，教师座位比学生的更高一个台阶，这是规则。在剑桥，教师可踩踏草地，学生绝对不行，这也是规则。

在格兰特特殊学校参观，有学员索要其介绍学校的 VCD，校长回答："版权在校长那里，不能给。"参观结束时，柯老师与校方签定协议，照片仅供私人使用，不能上传到网上。这些都是规则。

在英国许多学校，成绩不好，学生自己要向老师道歉；学生表现差，家长要向校长道歉。这是潜规则。

我们第二小组在帕克塞德中学和科尔里吉中学挂职，每到上午、下午学生放学时，学校的高层领导都到规定的地方巡视。接待我们的领导向我们说明一下，把我们留在会议室里，也巡视去了。这个"程序"必须做到位，不能少。

英国中小学一节课的时间长短不一，有的半小时，有的一个多小时，上下课没铃声，老师学生自己把握时间，学生在学校的总体安排下有序地走班流动。

我们考察的菲尔默小学、伏尔伯特·伯纳德初级学校，以及我们挂职的帕克塞德中学和科尔里吉中学，都有严格的教学评估制度。由高级教师牵头评估各年级、各学科的教学，评估教学方法的合理性，确保教学计划的实施，查出问题，制定相应的整改措施。每年对老师有一个绩效评估，评估的结果与工资挂钩。通过评估，有问题的教师，学校要找其谈话，进行培训，限其改进。如果还不行，可通过校董会解聘。评估的程序大致为：听取学生的反馈意见，检查备课情况（特别关注有没有创意），校长、教导主任听课，集体讨论给等级。这些制度和程序是硬规则。

在英国中小学，大到校董会的成立、教育经费的拨付、学校发展规划等，小到一次活动一次会议，都有严谨的考虑、严密的安排，都有详尽的计划书。这是“规定动作”。

按规则办事、按计划行事、按程序议事、按制度行政，是英国中小学教师的共识。

四、精致呈个性

在我们参观、挂职的学校，都有一个共同的现象：走廊、教室的墙壁贴满展现学生个性的作品，花花绿绿，琳琅满目。教室的布置和课桌的摆设没有两个是相同的，随性而做，但个性鲜明。

在帕克塞德中学，从学校领导到教师、学生，左手写字普遍存在。美术课学生画自己想画的内容，画自己感兴趣的东西；音乐课学生弹奏自己喜欢的乐器，老师不作统一要求，尊重学生个性。

五、精致透习惯

在英国，人的文明程度比较高。礼貌用语随时可以听到，不打扰别人、不大声喧哗、不在公共场所抽烟、在超市购物交费排队……已形成习惯。这应该与中小学教育有很大的关系，基础教育功不可没。

我们在帕克塞德中学和科尔里吉中学挂职，礼貌地与我们打招呼的学生比比皆是，开门让我们先走的行为时时可见。老师上课时对学生使用“谢谢”、“对不起”非常普遍，学生回答不出问题时对老师使用“对不起”也是“规定语言”。帕克塞德中学马丁副校长上课时，操作多媒体声音太大，连向学生说了三句“对不起”。使用礼貌语言已经成为师生的习惯。

我们走遍了帕克塞德中学和科尔里吉中学的每一个角落，没有发现乱丢乱弃现象，校园里除了大树上飘落下来的落叶，看不到任何纸屑果皮。学生不用打扫卫生，但卫生意识很好。我留意教室及走廊的墙壁，非常白净，没有发现球印、脚印。我特别观察了教室课桌，绝对没有“课桌文化”，在实行走班制，学生没有固定教室的情况下，非常难能可贵。在食堂，学生吃完饭自觉地把剩下的饭菜倒到桶中，并把盘碟放到指定位置。教室外面草地是绿油油的，虽然没有插上“小草青青，请勿打扰”之类的提示牌，但是没有学生会踩踏草地。在教学楼，不大声讲话，不大声喧哗，走路轻步，已成为师生的习惯。养成教育收到了很好的效果。

……

漫步在英国中小学校园，看不完的精致细节，道不尽的精彩瞬间。严重违纪的学生在小房子里反思；课堂爽朗的笑声；学生请教问题，老师蹲下；学生课堂回答问题不用起立；数学、艺术、技术融为一体的机器人编程课；校长介绍时一只脚踏在凳子上；一教师上课时把铅笔插到头发上；一老师上课时坐在窗台上；干净而有香味的卫生间；学生大胆在校长面前陈述意见；学校高层领导与学生一起用午餐……无不给人留下深刻印象，引人深思。

放大英国中小学的“精致管理”的细节，仁智分明。把这些细节放到不同的文化背景下进行思考，会有不同的评价。把这些细节放到中国文化背景下进行分析，积极意义是明显的。关爱、平等、创造、习惯、规则、个性……无一不是中国教育的主题词。

由于中国与英国文化背景、社会制度、历史背景、教育体制等不同，国情各异，我们不可能照搬英国的做法。但英国中小学管理精致的细节引发我们很多思考，给我们很大的启发。

精致管理是一种微观管理，是管理中的工笔画。它要求我们不能高高在上，不能蜻蜓点水，要靠前指挥，要重心下移，要善于抓住微小的变化，小题巧做，小题大做，从而收到意想不到的效果。微观是宏观的有机组成部分，学校管理既要有宏观的大气，更要有微观的精致。

精致管理是一种人文管理。学校管理的对象是人，需要的是彼此的相互了解，相互沟通，需要的是情感交流，而不是一味的管、卡、压。精致管理更讲究尊重教师学生，更讲究充分调动双方的积极性和主动性。特别是新的课程改革，强调学生的主体作用，强调师生互动，强调个性发展，精致管理就更要从细微处尊重人、关怀人、发展人。

总结三：校园文化的泡菜效应[①]

2006 年 11 月 4 - 25 日，我参加广东省中学校长中英合作培训项目赴英国的学习。我们采用培训、访问、挂职学习等形式，先后访问考察了 5 所中学及 1 所小学，还到 Thurston Community College（瑟斯顿社区学院）进行为期一周的挂职实习，所见、所闻、所思甚多，下面就中小学校园文化建设谈一些感想。

一、校园文化的育人功能

（一）校园文化的内核是精神的而非物质的

校园文化，是学校围绕着育人这个核心而具有的硬件环境与软件环境的总称，它是一种教育资源。硬件环境指校容校貌、设备设施等，软件环境包括舆论风气、人际关系、民主管理、校风校训等。校园文化的内核是精神的而非物质的，硬件环境只有在赋予一定的育人

① 高州市大井中学杜锡孟

功能时，才具有校园文化的熏陶特点，才能成为一种有效的教育资源。

（二）泡菜效应

不同的蔬菜浸泡在不同的水中，其味道就不一样，此为泡菜效应。同理，在不同的校园文化影响下，其育人的效果也大相径庭。古语“蓬生麻中，不扶自直。白沙在涅，与之俱黑”也是此道理。校园文化作为一种教育资源，有着润物细无声、无处不在的深远影响，这正如泡菜水对蔬菜的浸润作用一样，起到了潜移默化的作用。

（三）价值观是校园文化的源泉 处处弥漫于校园

办学者的价值观直接左右学校的发展过程及结果，而价值观正是校园文化的源泉。这不仅表现在精神方面，硬件环境也无处不诉说着办学者的价值取向。校园文化作为一种教育资源，如图中所示一样发挥着双向作用。

（1）价值观支配并营造了校园文化（如图中①所示）。

（2）校园文化强化了人们的价值观（如图中②所示）。

（3）校园文化产生育人的泡菜效应（如图中③所示）。

（4）育人的结果利于校园文化的形成（如图中④所示）。

（5）价值观直接产生育人作用（如图中⑤所示）。

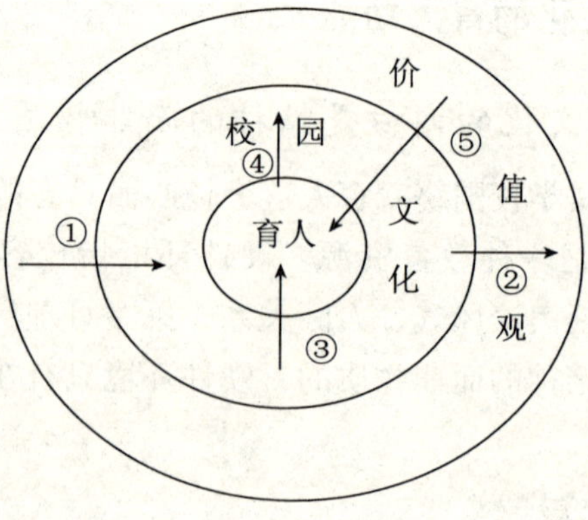

二、英国中小学校园文化的泡菜效应

英国是一个历史悠久并具有多元宗教的国家，也是世界上率先完成工业革命的国家。工业化使社会分工越来越细、合作程度越来越高，由这个社会背景产生的核心价值观——如尊重、包容、自我、团队、分享、欣赏等较为突出。这些价值观深入到校园的时时处处，发挥了“泡菜效应”，从而“泡”出了与我们大不一样的英国校园文化：

（一）让硬件设施注入育人的灵魂

我们在萨佛克郡考察的5所中学1所小学，他们的校园就像一座座庭院，所有教学用房、生活用房及室内运动场馆都有迂回曲折的通道相连，形成一座紧凑的大庭院，而校舍四周是宽广的绿茵运动场，运动场所的面积是校舍的几倍甚至几十倍。我们考察访问的爱德华六世国王学校明确提出通过体育特色教育，培养学生的团队精神、组织能力、社会责任感、不屈不饶的意志等领袖能力。在欣赏、分享、鼓励发展个性等价值观的指导下，我们所到过的中小学的走廊通道、教室四周到处张贴着师生的习作供人们分享、欣赏，使作者享受成功的同时，也在唤醒鼓励同伴：我能！你也能！个性得到张扬，潜能得以开发。整个校园俨然一个大家庭，充满温馨、快乐，体现出团队性及平等、尊重、包容的价值取向。

（二）务实节约的价值观

在富裕的英国，很多地方在周末都自发形成一个跳蚤市场，很多家庭把自己家中不用的“废物”拿到跳蚤市场廉价转卖，大至旧家电、汽车，小至发夹、书包等物，利人利己，体现了双赢思维。成人还带上小孩参与，形成了节约资源的风气。在此价值观的影响下，校舍利用率极高：饭堂、剧院、会堂、室内体育馆多为一体。我们所考察过或见到的学校大门，包括牛津、剑桥等著名大学的校门都是十分简洁的，没有牌楼，就像菜园子的门口旁边竖一个小小的运动员入场的招示牌一样，体现了务实节约的价值观。久而久之，使师生形成了求真务实的作风，摒弃了浮躁心态。

（三）开放、探究的发展观

英国国家教育标准局把发展个性作为一个教育核心内容，为此，所有中小学在发展学生个性方面有各种有效的载体——各种功能室，从理、化、生艺术设计室到劳技及科技制作室乃至表演场馆，充分体现了教育是一种唤醒、发展自我、开发潜能、启迪智慧及对人的一生负责的教育理念，尊重学生个性发展、开发学生潜能、重视学生动手能力、探究精神的培养。开放不是指形式上的放开，而是体现在开发潜能、启迪智慧的实质上。多元包容的价值观在课堂教学上充分体现：讨论问题不是硬、死的“唯一标准答案”，不禁锢学生思维。在选择课程方面，学生到了一定学级可选择自己特长的学科进行学习，并注重学习过程的探究。由此，我们解读了为什么自由、开放的英国教育，却培养了诸如牛顿、焦尔、达尔文等影响人类文明的科学家。

（四）健康、快乐的成长观

学习期间，我们有个同感：英国中小学的学生是健康的、快乐的。这些来自于对人性的尊重，而非灌输压制及单一产品式的教育。健康能营造快乐的心境，快乐的心境也有利于健康。而快乐的源泉是他们大多享受学习的乐趣，他们的学习是建立在发展个性、增强团队精神、尊重、包容、分享、欣赏等价值观念上的，摒弃了 99 分比 98 分多一分的对立竞争意识，享受动手探究的乐趣，享受张扬个性的成就感，享受多元价值观下的尊重与包容。

（五）和谐的人际关系

访问考察初期，我们免不了担心，崇尚张扬个性的英国中小学生在人际交往中会不会火星撞地球，关系紧张？随着访问的深入，我们才深刻认识到：正是由于尊重人性的需求，自身个性得以发展，才不会妨碍他人的多元价值观，获得了双赢的效果，于己、于人、于社会都是有益的，除“生与生”关系和谐外，因为教师的包容、尊重、唤醒及每一个孩子都重要的育人观，也使师生之间关系和谐。我们挂职的Thurston Community College还引导学生按地域或兴趣归属四个活动中心，课余时间由教辅人员及当中的学生骨干组织各种活动，如大家庭一般，既培训团队精神，又润滑了学生与学生间的人际关系。他们还倡导年长的学生与低年级的学生交朋友，以长带幼，长幼互补，使校园充满和谐与乐趣。

三、思考

我国基础教育现在进行的新课改侧重于让学生主动参与，乐于探究，勤于动手，从内容到形式无疑是一次深刻的变革。但我们应清楚认识到：观念指导行动，要推行课改首先要改变一些落后的教育观念，使科学的教育观念根植于社会、校园，形成浓厚的校园文化氛围，这才会形神俱备，教改才会成功。

（一）树立多元价值观

世界是多姿多彩的，但中国社会历来就是同质的、大一统的、集权的社会，这种价值观根深蒂固，导致工厂产品式的教学模式，压制个性，失却了包容，体现在课堂教学上是专制的单一答案模式。我们应从平等、尊重、包容的价值取向出发，引导学生树立双赢、共享、欣赏的价值观。

（二）教育是一种唤醒，而不是灌输

我国传统的价值观是不问过程，只问结果。而人才的培养不能是急功近利的，它是一个漫长的渐进过程。要形成“唤醒”的校园文化，就要有欣赏、鼓励、尊重、自我、团体等价值观作蓝图，彻底改变过去那种为分数而死灌垃圾知识的灌输式教学，重视唤醒兴趣，培养学生的探索意识和动手能力。

（三）营造优秀的文化氛围，形成深厚的文化积淀

国内的中小学生，在社会、家长、学校的功利主义价值观驱使下，如布袋和尚一般，背上学生的“使命感”，及畸型的对立竞争意识，加之单一的唯分数论困扰着学校、家长、学生。试想在如此社会背景及价值取向下的中小学生，何乐之有？创造性从何而来？在教育管理中，我们必须重视环境和氛围的建设，从校园文化建设入手，积极营造良好的育人环境和独特的校园文化氛围，并一以贯之，形成浓厚的文化积淀。这样，将使学生、学校的发展都步入良性循环的轨道。

（四）用足用好现有教育资源

我国中小学现有的教育资源不足，特别是功能室、仪器设备等普遍欠缺是事实，但实际的情形是，理、化、生等的实验可有效地唤醒学生的学习热情，培养创新精神、动手能力，可是不少学校却弃之不用，宁可讲授实验，看实验录像，都不开展有效的动手操作实验，原因很简单，接受式、填鸭式在短时间内可能会得到一定分数，但却以失去学习兴趣、增加负担为代价，最终是“聪明反被聪明误”，不少学校、老师难以跳出这种怪圈。人生面对困境、厄运并不可怕，可怕的是对困境的无知无觉的冷漠状态。学校应充分开展愉快体育，利用理、化、生实验设备，开展实验教学，培养学生爱动、活泼的天性和学习兴趣。